ヒガンバナ探訪録

有薗正一郎

写真1　開花したヒガンバナ

写真2　枯れた花茎と球根から出てきた葉

写真3　ヒガンバナの球根と葉

写真4　ヒガンバナの自生状況
　　　愛知県新城市川路　上は9月下旬　下は2月中旬
　　　下の写真で水田の畔の深緑の葉は全てヒガンバナ

写真5 棚田の畔に自生するヒガンバナ
愛知県新城市吉川

写真6 屋敷地まわりに自生するヒガンバナ
愛知県新城市市川

写真7　対馬と五島列島に自生するヒガンバナ
　　　上　対馬下島　長崎県対馬市厳原町久根田舎
　　　下　五島列島福江島　長崎県南松浦郡岐宿町居川

写真8 縄文晩期の遺跡近辺に自生するヒガンバナ
愛知県新城市塩沢
写真の正面後方の石柱が縄文晩期大入遺跡の碑

写真9 日根野村の水田の畔に自生するヒガンバナ
大阪府泉佐野市西出

写真10　中国江蘇省南京市の明孝陵に自生するヒガンバナ

写真11　中国江蘇省蘇州市の虎丘に自生するヒガンバナ

写真12　中国浙江省余杭市安渓村に自生するヒガンバナ
　　　　上　水田の畔
　　　　下　塚？

写真13　中国江蘇省南通市軍山の
　　　　岩棚に自生するヒガンバナ

写真14　中国広西壮族自治区龍勝県
　　　　平安村に自生するヒガンバナ

〈この本に掲載する写真はいずれも筆者が撮影した〉

はしがき

　ヒガンバナは、人間が中国の長江下流域から日本列島へ持ち込み、自生するようになった帰化植物です。私はヒガンバナの自生面積を集落ごとに調べて、各集落の成立期と対照する方法で、ヒガンバナが日本列島へ持ち込まれたのは約2500年前の縄文晩期であったとする説を提示するとともに、ひとつの集落内でヒガンバナが自生している場所と自生していない場所がある理由を土地利用の違いから解釈する作業を、30年近くおこなってきました。

　ヒガンバナの自生地を探して東シナ海沿岸を歩いてわかったことは、環東シナ海地域でヒガンバナが多く自生しているのは、ヒガンバナの故郷(ふるさと)の中国長江中下流域ではなく、日本列島だということです。

　ただし、ヒガンバナは日本列島のどこにでも自生しているわけではなく、また多く自生する場所とほとんど自生していない場所が隣り合う場合もあることもわかってきました。

　それはなぜか。答は現地調査の積み重ねで出てくるはずですが、同じ手順で調査しないと、広い領域に通用する答は得られません。

　そこで、私がおこなってきた調査の手順を読者の皆さんへ披露して、調査の輪を広げたいと思い、この本を刊行することにしました。調査の方法と手順は第2・4・5章に記述しましたので、関心を持たれた章を読めばわかります。

　この本が記述する内容は、およそ次のとおりです。第2章と第3章には、人間がヒガンバナを日本列島に持ち込んだ時期と経路を記述しました。第4章では、領域全体にヒガンバナが自生して

いるように見える大阪府日根野村にヒガンバナがそれほど自生していない場所が1か所あることを記述し、その理由を耕地開発の時期が異なることで説明しました。第5章には、愛知県の豊橋において、在来タンポポと、ヒガンバナなど3種類の帰化植物、合わせて4種類の雑草はどんな場所を選んで棲(す)み分けているかを記述しました。

　この本は既刊の論文4編と本2冊をほぼ再録したものです。既刊論文名と書名は、この本の末尾に記載する「初出一覧」をご覧ください。

　なお、難しい文章を読み続けると疲れるので、休憩をとっていただくために、各章の間に「話の小箱」を5つ挟みました。そこは気楽に読んでください。

　ヒガンバナに関心を持っておられる読者に、この本が少しでも役立てばさいわいです。

2016年　秋彼岸の中日

◆ 目　　次 ◆

はしがき

序　章　ヒガンバナは不思議な花 …………………………… 1

第1章　ヒガンバナの履歴書………………………………… 3
　　第1節　ヒガンバナの1年　3
　　第2節　ヒガンバナは食用植物だった　5
　　第3節　ヒガンバナはどこに多く生えているか　6
　　第4節　ヒガンバナの不思議を解いてきた学問分野　8
　　第5節　ヒガンバナが生える水田の畔にはほかの雑草が
　　　　　　生えにくい　8
　　第6節　ヒガンバナはなぜ人里だけに自生しているのか　9
　　第7節　童話と歌謡曲はヒガンバナをどうイメージして
　　　　　　いるか　10
　　第8節　ヒガンバナの不思議への7つの答　12
　　第9節　ヒガンバナに関する史料　14

　　◆話の小箱1　ヒガンバナとの出会い　20

第2章　ヒガンバナが日本に来た時期 ……………………21
　　第1節　作業仮説の設定　21
　　第2節　豊川流域におけるヒガンバナの自生面積の計測法
　　　　　　と自生地の分布　22
　　第3節　集落成立期の推定法と集落の分布　28

第4節　ヒガンバナの自生面積と集落成立期との関わり　29

　　第5節　豊川の中下流域におけるヒガンバナの自生面積
　　　　　と集落成立期との関わり　31

　　第6節　豊川中流域の2集落におけるヒガンバナの
　　　　　自生地　35

　　第7節　ヒガンバナが日本に来た時期　38

　　◆話の小箱2　あなたもヒガンバナの自生面積を測って
　　　　　　　　みませんか　43

第3章　ヒガンバナが日本に来た道 …………………………………45

　　第1節　稲作農耕が日本に来た道　45

　　第2節　ヒガンバナが日本に来た道　47

　　◆話の小箱3　中国長江下流域の人々もヒガンバナを好ましく
　　　　　　　　ない名で呼んでいる　50

第4章　『和泉国日根野村絵図』域のヒガンバナの自生地分布　51

　　第1節　『和泉国日根野村絵図』域でヒガンバナの自生面積
　　　　　を計測した理由　51

　　第2節　目的と方法　52

　　第3節　『和泉国日根野村絵図』域のヒガンバナの自生地
　　　　　分布　54

　　第4節　ヒガンバナの自生地分布と開発過程との関わり　55

　　第5節　まとめ　59

　　◆話の小箱4　ヒガンバナ調査時の不思議な体験　60

第5章　豊橋におけるタンポポ・ヒガンバナ・セイタカアワダチソウの自生地分布および面積と土地利用との関わり　62

　　第1節　目的と方法　62

　　第2節　自生面積の計測手順と調査結果の検討　69

　　第3節　3種類の草本の自生地分布と自生面積　75

　　第4節　3種類の草本の自生地と土地利用との関わり　83

　　第5節　おわりに　86

　　◆話の小箱5　佐々木高明先生のつぶやき　89

終　章　ヒガンバナとのつきあい方　………………………………91

ヒガンバナのことをもっと知りたい読者へ薦めたい本　93

初出一覧　93

あとがき　94

さくいん　95

序章　ヒガンバナは不思議な花

　ヒガンバナは日本人がよく知っている花のひとつであろう。関東地方から南か西に住む人は、秋の彼岸の頃、火炎のような赤い花が一斉に開花して、水田の畔（あぜ）や屋敷地まわりを覆う景色を見る機会が多いと思われる。ヒガンバナはわれわれ日本人に、とりわけ西南日本に住む人々に、秋の訪れを知らせてくれる花である。
　しかし、このヒガンバナ、不思議な植物でもある。思いつくまま、ヒガンバナの不思議を並べてみよう。
 (1) 秋の彼岸前に突然花茎が伸びて、6輪前後の花が咲く。
 (2) 花が咲いている時に葉がない。
 (3) 花は咲くが、実がつかない。
 (4) みごとな花を咲かせるのに、嫌われる草である。
 (5) 開花期以外のヒガンバナの姿が思い浮かばない。
 (6) ヒガンバナが生えている水田の畔には他の雑草がそれほど生えない。
 (7) 人里だけに自生して、深山では見ない。
 (8) 大昔から日本の風土の中で自生してきたと思われるが、ヒガンバナの名が史料に現れるのは近世からである。
 (9) 水田の畔や屋敷地まわりで見かけるが、水田の畔や屋敷地まわりならどこでも生えているというわけではない。

　これらの不思議のうち、5つ以上が思い浮かぶ人はよほどの観察者であり、5つ以上答えられる人は奇人の部類である。8番目までの答は第1章で、9番目の答は第2章と第3章で記述するが、先に答の要点を述べると、「ヒガンバナは、水田稲作農耕文化を構成する要素のひとつとして、縄文晩期に中国の長江下流域

から東シナ海を渡って日本列島に直接渡来した稲作農耕民が持ち込んだ半栽培食用植物であったが、後に食料事情がよくなってからは、人里に自生する雑草になった」のである。

ヒガンバナが秘める多くの不思議を解くための鍵として、また農耕の技術と文化が日本列島に渡来した道を考えるためのデータとして、この本が役立てばさいわいである。

ヒガンバナを主題にした一般向けの著書はいくつかある。それらをこの本の末尾に記載するので、ヒガンバナのことをもっと知りたい読者は、目を通されることをおすすめしたい。

なお、ヒガンバナは「ひがんばな」「彼岸花」「曼珠沙華」などとも表記されるが、この本では植物学上の和名「ヒガンバナ」を使うことにする。

第1章　ヒガンバナの履歴書

第1節　ヒガンバナの1年

　ヒガンバナ（*Lycoris radiata* Herb.）は日本人には馴染みの深い雑草のひとつである。雑草とは、人間活動で撹乱された土地に自生し、人間の生活に干渉する植物群を指すので、人里だけに自生し、本格的な秋の訪れを人々に告げるヒガンバナは、雑草の典型であるといえよう。ヒガンバナの別称を数えると、日本全国で1000近くあるらしい[1]。これは日本人とヒガンバナとの付き合いがかなり古くから続いていることを暗示している。

　しかし、ヒガンバナはわからないことが多い植物でもある。まずはヒガンバナの1年間の生活暦を紹介しよう（図1）。

　ヒガンバナはヒガンバナ科ヒガンバナ属の多年生草本、すなわち毎年同じ場所で花が咲き、葉を出す草である。ヒガンバナ科の草本は世界中で自生するか植栽されているが、ヒガンバナの生育地は東アジアの東シナ海周辺地域に限られ、かつそのほとんどが自生地であり、植栽されることはほとんどない。

　日本列島に自生するヒガンバナは、5月中旬頃には葉が枯れて、9月上旬までは球根（鱗茎）の

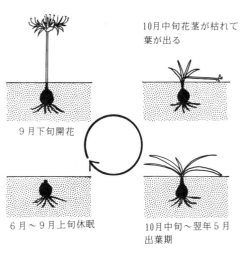

図1　ヒガンバナの1年の生活暦

姿で休眠する。9月中旬になると地下の球根から花茎が伸びて、長さ30〜50cmほどに直立する花茎の上端に6輪前後の真っ赤な花が放射状に開く（写真1）。1輪の花は6つの花びらと6つの雄しべとひとつの雌しべからなる。花びらは細長く、やや縮れて外側にそる。雄しべと雌しべは赤く、それぞれ10cmほどの長さがあり、いずれも中央部から先が上向きに反る。花が終わると、雌しべの根元の子房がやや膨らむが、日本に自生するヒガンバナは染色体の数が33の三倍体なので、種子はできない。

　中国には種子ができる二倍体（染色体数24）のヒガンバナもあるが、日本には種子ができない三倍体のヒガンバナしか自生していない。日本のヒガンバナは、球根を分球させて個体数を増やす方法で種を維持してきたのである。

　日本列島に三倍体のヒガンバナだけが自生する理由は、二倍体よりも三倍体のほうが球根がやや大きいので、その分だけ採集に手間がかからないことと、種子ができない三倍体のほうが管理しやすいからであろう。

　ヒガンバナには白花や黄花をつける近縁種があり、いずれも9月中旬から10月上旬頃に開花する。

　開花が終ると、花茎は枯れる。ヒガンバナの葉は10月中旬頃に球根から直接出てくる（写真2）。葉は細長い両刃の直刀の形をしており、幅1cm前後、長さ30〜50cmほどで、冬から春にかけて地表面に張り付くように繁茂する。冬の間、水田の畔や河川ののり面や屋敷地まわりの枯れ草の中で、ヒガンバナの深緑の葉が群生している姿は見事である（写真4下）。これが日本列島に自生するヒガンバナの1年の生活暦である。

第2節　ヒガンバナは食用植物だった

　ヒガンバナの球根の表皮は黒いが中は白い（写真3）。球根には重量の1割余りのデンプンが含まれていて食べることができる。しかし、球根にはリコリンなどの有毒物質も含まれているので、十分に毒抜きせずに食べると、中毒死することがある。

　球根から有毒物質をとり除いてデンプンをとるには、球根を灰汁で数時間煮てから、水と一緒に容器に入れて、毒を水で流し去る作業を何回か繰り返した後、容器の底に沈澱したデンプンを採取する。これはドングリの渋味を抜いてデンプンを食べる手順と同じなので、ドングリが主な食料のひとつであった縄文時代に、ヒガンバナも食べていたと考えている人もいる。

　ただし、その頃のヒガンバナは作物ではなく、人間が生育を管理する半栽培植物であり、後に管理をしなくなって、雑草化した。

　ヒガンバナの球根が食料になることは、遅くとも近世にはほとんど忘れられてしまったが、紀伊山地や四国山地の村の中には、20世紀の前半までヒガンバナを食べていた所があって、経験者からデンプンの採取法を聞きとることができる。

　いくつかある報告によると「ヒガンバナの球根を採取する→球根を洗う→球根を潰す→灰汁に入れて煮る→袋に入れてしぼる→桶に入れて1～2日水さらしする→モチにして食べる」という手順を踏む事例が多い。また、球根を潰して、水さらしだけで毒抜きするか、球根を潰す前と後の水さらしだけで毒抜きする方法もあり、この方法だと、毒抜きに4～7日かかった。

　ヒガンバナの球根掘りとデンプン採取は、春におこなわれることが多かった。球根の数は花茎数の10倍ほどある。農耕だけでは十分な食料が得られなかった時代の人々にとって、春は前年の秋

に貯えた食料が底をつき、春に生長する植物が食料になる初夏に入るまでの食料の端境期であった。ヒガンバナの球根掘りとデンプン採取は、食料の端境期に多くおこなわれていたのである。

ヒガンバナは食料のひとつではなくなってからも、人間の生活に役立ってきた。例えば、ヒガンバナの球根は薬や糊の材料に使われたし、球根を摺りつぶして炎症部に貼るなどの民間療法は、今でもおこなわれている。

第3節　ヒガンバナはどこに多く生えているか

ヒガンバナが多く生えている場所について、2つの視点から述べてみよう。

第一の視点は、ヒガンバナが群生している場所はどこかという視点である。

ヒガンバナは日当りのよい場所ではよく生育し、葉の長さは30cmほど、球根の直径は4～5cmでさかんに増殖し、自生地を広げていく。ヒガンバナは水田の畔、とりわけ開発時期が古い棚田の畔や、屋敷地まわりに多く生えているが、これらの場所はいずれも秋から春先にかけて日当りがよい（写真4～6）。これら水田の畔や屋敷地まわりは、夏は草で覆われるが、秋になると草は枯れて地表まで太陽光が届く。冬季に水田の畔と屋敷地まわりで緑の葉を出しているのは、ヒガンバナと一部のイネ科の草だけである。ヒガンバナは、他の雑草と季節的な棲み分けをすることによって、種を存続してきたのである。

他方、日陰に生えているヒガンバナの葉の長さは40～50cmになる。これは日当りが悪い分を葉の表面積で補うためであろう。日陰に生えているヒガンバナの球根の直径は1～3cmほどで、ほとんど増殖しないために生育地は広がらない。

俗にヒガンバナ→秋の彼岸→仏教→墓地→陰鬱な場所→日陰の植物という連想をしがちであるが、ヒガンバナは冬の太陽光を浴びて生育する陽気な雑草である。ちなみに、墓地にヒガンバナが多く生えているのは、かつて土葬をおこなっていた頃、遺体を肉食獣に食べられないように、不快な臭気を放ち毒を含むヒガンバナの球根を植栽したことの名残であるという説がある。

　第二の視点は、ヒガンバナは世界のどこに生えているかという視点である。

　ヒガンバナは東アジアの東シナ海沿岸地域だけに生えている。とりわけ中国の長江中下流域と日本に多く生えている。中国の長江中下流域はヒガンバナの原産地であるとされ、ここには種子ができる二倍体のヒガンバナと、種子ができない三倍体のヒガンバナが自生している。

　これに対し、日本には三倍体のヒガンバナしか生えていない。そのため日本のヒガンバナは、かなり古い時代に中国の長江下流域から三倍体のものが西南日本に持ち込まれ、人間が球根を移植することによって生育地を広げて定着した、史前帰化植物であるとされている。三倍体のヒガンバナは二倍体のものよりも球根が大きく、その分だけデンプンの量が多いし、また球根の増殖によってのみ生育地が拡大するので、種子を風や動物が運ぶ植物と違って、管理が楽だからである。そして渡来後は、半栽培植物として人間の手で東北地方の中部あたりまで生育地は広がったが、イネなど栽培効率の高い農作物の生産が安定してから後は、人間による管理がおこなわれなくなり、集落付近の日当りのよい場所に生育する人里植物、すなわち雑草になったと考えられる。

第4節　ヒガンバナの不思議を解いてきた学問分野

　主に3つの学問分野がヒガンバナを研究の対象にしてきた。

　ひとつは植物学であり、ヒガンバナは日本在来の植物なのか、それとも原産地の中国南部から渡来したのかの議論が、1960年前後におこなわれた。そして、中国南部には種子ができる二倍体のものと種子ができない三倍体のものが自生しているのに、日本には種子ができない三倍体のヒガンバナしか生えていないことから、中国南部から日本列島に渡来した植物であるとする説に帰着した。

　2つめは民俗学である。ヒガンバナの球根から毒を抜いてデンプンを採取する手順は、ドングリから渋味を抜いてデンプンを採取する手順と同じなので、山村の暮らしに関心を持つ民俗研究者による報告がいくつかある。それによると、紀伊山地や四国の山間部では、20世紀前半まで毒を抜いて食べていたという。

　3つめは、照葉樹林農耕文化の起源地と伝播を明らかにする中で、ヒガンバナを位置付ける研究であり、いくつかの分野の境界領域に位置する視点である。この分野の研究者は、ヒマラヤ山脈の南斜面から中国南部を経て日本列島に至る照葉樹林すなわち常緑広葉樹林帯の中に生まれた農耕文化の構成要素のひとつとしてヒガンバナを位置付けている。照葉樹林帯にはカシなどドングリをつける樹木や根茎にデンプンを貯める植物がいくつかあり、これらからデンプンを採取する技術が形成されたが、ヒガンバナも球根からデンプンを採取できる植物だからである。

第5節　ヒガンバナが生える水田の畔にはほかの雑草が生えにくい

　ヒガンバナはなぜ水田の畔に多く自生するのか。ヒガンバナに

は他の雑草を生えにくくするアレロパシー（他感作用）を持つことが、最近わかってきた。

　藤井義晴[2]らは、ヒガンバナの栽培ポットに雑草の種子を蒔いて発芽率を測る実験をおこない、特定の雑草の発芽率が低くなることを明らかにした。その理由はヒガンバナが含むリコリンの作用によるものらしい。ヒガンバナは他の植物の生育を抑制するアレロパシーを持つというのである。とりわけキク科の植物に対する効果が大きいという。アザミやノゲシなどキク科の植物は、やっかいな多年生雑草である。そこでヒガンバナを水田の畔に植えておけば、キク科の雑草の生育が抑制される。ただし、ヒガンバナはイネ科植物に対してはアレロパシーはほとんどないので、イネの生育は阻害しないという（前掲(2) 148-152頁）。

　他方、畑作物の中にはキク科の植物もある。したがって、畑の畔にヒガンバナが生えていると、キク科の作物の生育が抑制される恐れがある。畑作物は輪作される場合が多く、その中にはキク科植物も組み込まれるであろうから、畑の畔にはヒガンバナが生えていないほうが好ましい。

　その事例が、愛知県の南東部に位置する渥美半島である。渥美半島は畑が総耕地面積の約6割を占める領域である。筆者は1990年9月28日～10月3日に渥美半島でヒガンバナの自生地調査をおこない、畑地率が高い集落にはヒガンバナは生えていないか、生えていても面積は小さいことを確認した[3]。

第6節　ヒガンバナはなぜ人里だけに自生しているのか

　ヒガンバナが人里だけに自生する理由は、元来日本には自生していなかったこと、かつて半栽培植物であったこと、球根の増殖で種を維持する植物であることの3つで説明できる。すなわち、

初めは誰かが食料にするために植え、その後食料としての用途を失ってからも、球根を増殖して、人里の中で着実に種を維持してきたのである。したがって、人間の日常の生活圏の外に位置する深山には、ヒガンバナは自生していない。
　このように古い時代から人里だけに自生する雑草であったヒガンバナは、人里の環境改変の程度を測る尺度に使える。ヒガンバナが食料のひとつであることが忘れられてから後の時代の人間から見ても、役には立たないが邪魔にもならないヒガンバナは、強いてとり除かねばならない雑草ではなかった。ヒガンバナが除去されるのは、地滑りや洪水などのほか、人間による耕地区画の改変や宅地造成など、地表面の姿が変わる時である。したがって、ヒガンバナが多く自生する場所は、長い間一定の環境が保たれてきた場所であると言えよう。ヒガンバナの自生面積を集落ごとに計測し、その大小を比較することによって、集落ごとに環境改変の程度が推察できるのである。
　ただし、それを断定するためには、集落の成立期と土地条件を調べる必要がある。成立期と土地条件が同じ2つの集落があって、ヒガンバナの自生面積が異なれば、自生面積の大きい集落のほうが、より安定した環境を維持してきたと言えよう。

第7節　童話と歌謡曲はヒガンバナをどうイメージしているか

　子供にヒガンバナの写真を見せると、「ごんぎつねの花だ」という。小学校4年生の国語の教科書に採録されている童話『ごん狐』は、愛知県半田市に生まれ育った新美南吉が、18歳の時に書いた作品である。『ごん狐』には次のような記述がある[4]。

　　お午（ひる）がすぎると、ごんは、村（むら）の墓地（ぼち）へいつて、六地蔵（ろくじぞう）さんのかげにかくれてゐました。いゝお天気（てんき）で、遠（とほ）く向（むか）うにはお城（しろ）

の屋根瓦が光つてゐます。墓地には、ひがん花が、赤い布のやうにさきつゞいてゐました。（中略）葬列は墓地へはいつて来ました。人々が通つたあとには、ひがん花が、ふみをられてゐました。（中略）「はゝん、死んだのは兵十のお母だ。」
（前掲(4) 10頁）

　晴れた日のヒガンバナが咲く墓地に、兵十の母親の棺桶を担ぐ葬列が来るのを小狐のごんが六地蔵の陰から覗き見る場面を、子供たちは想い描くようである。こうして墓場に咲く花ヒガンバナのイメージが子供たちの脳裏に刻まれていく。

　しかし、この場面でもヒガンバナは日当りのよい墓地に咲いており、新美南吉の表現は適切である。ヒガンバナは人里に自生する陽気な雑草なのである。

　ヒガンバナを題名か歌詞に織り込んだ歌謡曲はいくつかあるが、それらが表現するヒガンバナのイメージは大きく2つの類型にまとめることができる。

　ひとつは、『長崎物語』（由利あけみ）が「赤い花なら曼珠沙華　オランダ屋敷に雨が降る　濡れて泣いてるジャガタラお春」と表現するように、歌われている場所の異国情緒を助長する役目を持たされたヒガンバナである。日本に渡来して以来、少なくとも2000年は経過しているヒガンバナだが、まだ日本の風土に馴染みきらないところが『長崎物語』から読みとれるのである。

　もうひとつは、『恋の曼珠沙華』（二葉あき子）が「ああ切なきは　女の恋の曼珠沙華」と織り込んでいるように、純情な女の燃えてかなわぬ恋心を表現するために使われるヒガンバナである。このイメージの類型に入る歌詞は、他にも『千年の古都』（都はるみ）の「春はひめやかに若葉雨　秋は燃えたつような曼珠沙華」と、『曼珠沙華』（山口百恵）の「恋する女は曼珠沙華　罪作

り　白い花さえ　まっ赤に染める」がある。ヒガンバナの燃えるような真紅の花の色は、かえって相手に警戒心を持たせてしまう。この類型の歌は失恋を通りこして、人々にあまり好まれないヒガンバナのイメージまで表現しているように思われる。また、北原白秋の詩『曼珠沙華』は「赤いお墓の曼珠沙華……恐や赫しや」と詠じている。この詩の表現もこの類型に入るであろう。

　2つの類型とも、ヒガンバナは日本の風土と日本人の心情に馴染まない何かを秘めている点では、一致している。ヒガンバナには他国から渡来した植物であることのシッポがまだ付いているのかも知れない。

第8節　ヒガンバナの不思議への7つの答

　序章であげたヒガンバナの不思議のうち、1～7番目の不思議は第7節までに実像を明らかにした。繰り返しになるが、序章で並べた順番に従って記述すると、次のようになる。

(1) 秋の彼岸前に突然花茎が伸びて、6輪前後の花が咲く。

　答　夏の間休眠していた球根から花茎が伸びてくるので、なにもなかった所から花が咲くように見えるのである。ちなみに、中国に自生するヒガンバナの開花期間は8月下旬～9月下旬で、日本より長い。また、開花時期は種子ができる二倍体のヒガンバナのほうが種子ができない三倍体のヒガンバナよりも早い。したがって、開花したヒガンバナを中国へ見に行く時期は、9月上旬～中旬が適切である。筆者は2008年8月26日に江蘇省蘇州市郊外にある虎丘の斜面で、開花したヒガンバナを見た（写真11）。

(2) 花が咲いている時に葉がない。

　答　葉は開花後に球根から直接出てきて、翌年の5月上旬頃ま

で地表を覆う。花が咲いていた場所へ冬に行けば、細長い深緑色の葉が群生しているので、ご覧いただきたい。

(3) 花は咲くが、実がつかない。

答 日本列島に持ち込まれたヒガンバナは染色体数が33の三倍体なので、種子はできない。日本のヒガンバナは球根が分かれる方法で、種を維持している。

(4) 見事な花を咲かせるのに、嫌われる草である。

答 ヒガンバナはある時期までは球根からデンプンを採取して食べる半栽培植物であった。球根に含まれる毒を水で洗い流してから、残ったデンプンを食べていた。食料事情がよくなると、ヒガンバナが食用になることは遅くとも近世初頭にはほとんど忘れられてしまったが、有毒であることだけが人々の記憶に残り、触ってはならない花になった。近縁植物であるスイセンのように、花を眺める植物として渡来していたら、違ったイメージで処遇されていたかも知れない。ヒガンバナは気の毒な植物である。

(5) 開花期以外のヒガンバナの姿が思い浮かばない。

答 花が終ると細長い直刀形の葉が出て、他の草が枯れている冬の間、光合成してデンプンを球根に貯め込む。春になって他の草の丈が伸びて太陽光が届きにくくなると、5月中旬頃には葉が枯れて、開花期まで休眠する。ヒガンバナは人里で他の雑草と季節的な棲み分けをして、種を維持してきたのである。

(6) ヒガンバナが生えている水田の畔には他の雑草がそれほど生えない。

答 ヒガンバナに含まれるリコリンは、他の植物、とりわけキク科の植物の生育を抑える。したがって、ヒガンバナを水田

の畔に植えておけば、草取りの手間がある程度省ける。これが水田の畔にヒガンバナが多く自生してきた理由のひとつである。ヒガンバナは今でも人間の暮らしに役立っているのである。

(7) 人里だけに自生して、深山では見ない。

答　元来日本列島にはヒガンバナは自生していなかった。食料にするためにある時期に人間が植えたヒガンバナは、後に食料に使われなくなって雑草化したが、球根が分かれる方法でのみ増殖するので、今でも人里だけに自生している。この方法で種を維持する日本のヒガンバナは、種子を拡散させて自生地を広げる植物とは異なり、自生地がほとんど広がらないので、ヒガンバナが群生する場所は一定の環境を保ってきたと言える。したがって、ヒガンバナは環境改変の程度を測る尺度に使える植物である。

第9節　ヒガンバナに関する史料

（a）ヒガンバナに関する中世までの史料

　ヒガンバナは日本人には馴染みの深い雑草である。別称が1000近くあることが、馴染みの深さを暗示している。ところが、ヒガンバナのことを記述していると断定できる中世までの史料は、今までのところ見つかっていない。

　ヒガンバナは中世以前にはヒガンバナ以外の名で呼ばれていたとする説がある。

　その例が『萬葉集』に出てくる歌「路の辺の壱師の花のいちしろく人皆知りぬわが恋妻は」（巻第11-2480）の「壱師の花」である。「いちしろく」を「いちじろく」と読めば「灼然く」で、真っ赤に燃えるという解釈が成り立つようである。また山口県と

北九州ではヒガンバナを「イチジバナ」と呼ぶ地域がある。

しかし、「いちしろく」を「とても白い」と解釈して、「壱師の花」は枝に白い花をたくさんつけるエゴノキ（エゴノキ科）かヤマボウシ（ミズキ科）であるとの説など、いくつかの異説があって、議論が絶えない。

中世の史料にもヒガンバナの名は出てこない。「曼殊沙華」や「曼珠沙華」の名を記載する史料はあるが、呼称だけの記載しかないために、「曼殊沙花」や「曼珠沙華」がヒガンバナであると断定することはできない。

15世紀の中頃に編集されたとされるイロハ順の語彙辞書『節用集』（原装影印版）の「麻」の項目中に「曼殊沙花（マンジュシヤケ）」の名があるが、名が記載されているだけなので、どの植物を指すかはわからない。

『山科家礼記（やましなけらいき）』(5)には、1491（延徳3）年8月24日に、山科家の雑掌（ざっしょう）（雑務を担当する使用人）が禁裏の御学問所で立花したとの記述があり、立花した植物の中に「マンシユシヤケ」（前掲(5)160頁）の名がある。しかし、この年の8月24日は、現行のグレゴリオ暦に換算すると10月6日になり、平年ならばヒガンバナの開花は終わっている。生け花に使う植物は、季節のものか、季節にやや先立って選ばれるので、10月に入ってから立花された「マンシユシヤケ」は、ヒガンバナ以外の植物かも知れない。

日本イエズス会が1603年に作成した『日葡辞書（にっぽじしょ）』(6)には「Manjuxaqe.マンジュシャケ（曼珠沙華）秋に咲くある種の赤い花」（前掲(6)384頁）との記載がある。この「Manjuxaqe」はヒガンバナを指すと思われるが、これも説明文だけではそうだと断定はできない。

以上述べたように、ヒガンバナのことを記述していると断定で

きる中世までの史料は、今までのところ見当たらない。現在のヒガンバナの自生状況を見る限り、中世以前に日本に持ち込まれていたことは間違いないのだが、史料に記載されていないのはじつに不思議である。

(b) ヒガンバナに関する近世の史料

筆者が知る限りでは、ヒガンバナについて記述していると断定できる史料と、ヒガンバナの呼称を記載する史料の初見は、近世に入ってからであり、これがヒガンバナの8番目の不思議への答である。

1666年頃に成立した博物図鑑『訓蒙図彙』[7]には、ヒガンバナの絵と「石蒜　俗云しびとばな」(前掲(7)250頁)という解説文が記載されている（図2）。

ヒガンバナの名を記述するもっとも古い史料は、三河の農書『百姓伝記』[8](1680–82年頃)である。『百姓伝記』の巻頭に正月から12月までの季節の移り変わりと適時の農作業を記述する「四季集」があり、8月の記述中に次の文章がある。

一、八月中秋　白露の秋となる（中略）ひがん花さく（中略）猶早稲をかる（前掲(8)38頁）

ここでは二十四節気の白露、現在の9月上旬の季節の到来を告げる花として、ヒガンバナの名が記述されている。『百姓伝記』の著者は、8月白露の節の到来が誰でもわかる植物としてヒガンバナを選び、その時が早稲の刈りとりの適時であることを記述したと、筆者は考える。三河の庶民にとって、ヒガンバナは馴染みの深い植物だったのである。

また自給肥料の種類・製法・施用法を述べる「不浄集」にも、ヒガンバナの名が出てくる。

一、むしりたる草にハ根残り　くさる事なくして　田畠にを
　き作毛のかいとなる　そのつねにくさりかねる草を能ミしり
　て　のぞくべし　かうぶし　ひがん花　もくさ　ごぎやう
　とく草　大わう　かやうなるるいなり（前掲(8) 252頁）

　ここでは根を張る多年性雑草のひとつとして、ヒガンバナの名が記載されている。種子繁殖しない日本のヒガンバナは、それほど蔓延する草ではないのだが、冬の間は枯草の中でヒガンバナの葉が茂って目立つので、このように記述されたのであろうか。
　近世中期の園芸書『花壇地錦抄』(9)（1695年）の「草花　秋の部」は、ヒガンバナを次のように解説している。

　　曼朱沙花（まんしゆさけ）　中（旧暦８月の意味）　花色朱のごとく　花の時
　　分葉ハなし　此花何成ゆへにや　世俗うるさき名をつけて
　　花壇などにハ大方うへず（前掲(9) 244頁）

　ヒガンバナの開花時の姿と、当時の人々のヒガンバナに対する扱いがよくわかる記述である。
　貝原益軒の『大和本草』(10)（1709年）も「石蒜　老鴉蒜也　シビトバナト云　四月或八九月赤花咲ク　下品ナリ　コノ時葉ナクテ花サク故ニ　筑紫ニテステ子ノ花ト云」（前掲(10) 332-333頁）と記述している。最初にあげた『訓蒙図彙』の和名「しびとばな」ともども、現在の日本人がヒガンバナに持つイメージは、遅くとも17世紀

図２　『訓蒙図彙』が描くヒガンバナ

後半には人々の脳裏に浸透していたようである。それでも与謝蕪村の俳句「曼朱沙華蘭に類て狐鳴く」のように、ヒガンバナは人々の日常生活に密着した雑草であった。

ヒガンバナの球根を毒抜きして食べることは、地方書『民間省要』[11]（1721年）上編「百姓四季の産」に記述されている。『民間省要』はヒガンバナを「しろい」と呼んでいる。

飢饉の年は葛の根を掘り 鈴篠の實を喰ひ しろいなど云ふものを掘て 能く水にくだし 其毒気を去て喰ふに 青ぶくれに腫れて煩ふもあり（前掲(11)127頁）

ヒガンバナは救荒植物であること、毒抜きの方法、毒抜きが十分でないと中毒することが適切に説明されている。

しかし、近世後期になると救荒植物であることは忘れられ、有毒植物であることだけが人々の脳裏に継承されるようになる。例えば、『備荒草木図』[12]（1833年）の救荒植物にヒガンバナは入っていないし（前掲(12)67-68頁、124-125頁）、『有毒草木図説』[13]（1827年）は「石蒜 小毒あり（中略）小児採てこれを食すれバ言語拙し 故にしたまがりの名あり」（前掲(13)152頁）と記述している（図3）。そして近代初頭に刊行された『凶荒図録』[14]（1885年）には、「大毒あれば決して食すべからざるものなり 誤て食すれば死に至るべし」と書かれた「大毒品」の中に「シタマガリ 石蒜」（前掲(14)27丁表）が記載されている。

図3 『有毒草木図説』が描くヒガンバナ

以上がヒガンバナの履歴書である。総じて、ヒガンバナは長い間人間と共生してきた、親しみの持てる雑草であるように思うのだが、いかがであろうか。

〈註〉
(1) 白井祥平監修『全国方言集覧』2000，太平洋資源開発研究所，810頁。
(2) 藤井義晴『アレロパシー――他感物質の作用と利用』2000，農山漁村文化協会，230頁。
(3) 有薗正一郎『ヒガンバナが日本に来た道』1998，海青社，64-66頁。
(4) 大石源三ほか編『校定 新美南吉全集 第三巻』1980，大日本図書，389頁。
(5) 豊田武・飯倉晴武校訂『山科家礼記 第五』1973，続群書類従完成会，362頁。
(6) 土井忠生ほか編訳『邦訳日葡辞書』1980，岩波書店，862頁。
(7) 中村惕斎『訓蒙図彙』1666。(杉本つとむ解説，1975，早稲田大学出版部，318頁)
(8) 著者未詳『百姓伝記』1680-82頃。(岡光夫・守田志郎翻刻『日本農書全集』16，1979，農山漁村文化協会，335頁)
(9) 伊藤伊兵衛『花壇地錦抄』1695。(君塚仁彦翻刻，『日本農書全集』54，1995，農山漁村文化協会，25-315頁)
(10) 貝原益軒『大和本草』1709。(白井光太郎校註『大和本草 第一冊』1975，有明書房，467頁)
(11) 田中丘隅『民間省要』1721。(瀧本誠一編『日本経済大典』5，1928，史誌出版社，3-514頁)
(12) 建部清庵『備荒草木図』1833。(田中耕司翻刻『日本農書全集』68，1996，農山漁村文化協会，31-215頁)
(13) 清原重巨『有毒草木図説』1827。(遠藤正治解説，1989，八坂書房，123-261頁)
(14) 小田切春江『凶荒図録』1885，27丁。

話の小箱1

ヒガンバナとの出会い

　30年ほど前、秋の彼岸頃の話です。豊川の中流域にある愛知県民の森へ、家族で森林浴に行きました。愛知県民の森は、豊橋駅からJR飯田線に乗って1時間ほどの所にあります。

　飯田線は小坂井駅から三河一宮駅までは台地の上を走りますが、三河一宮駅を過ぎると、しばらく台地崖下の水田の端を通った後、再び台地へ上がります。

　私は、飯田線の電車が低地の水田から台地へ上がる間に、不思議な景色を見ました。左側の窓から見える崖下の水田の畔にはヒガンバナが帯状に咲いているのに、右側の窓から見える広い水田にはヒガンバナの姿がなかったのです。何か理由があるのだろうと思いました。

　ヒガンバナについては、佐々木高明著『照葉樹林文化の道』（日本放送出版協会）などを読んでいて、一応の知識は持っていました。縄文時代の前期〜中期頃に、中国大陸から日本列島へ渡ってきた人々が、食材のひとつとしてヒガンバナを持ち込んだようなので、左側の窓から見えた台地崖下の水が湧き出る田は開発期が古く、右側の窓から見えた低地の水田はヒガンバナを食べなくなってから開発されたのだろうと、その時は思いました。

　自分の解釈は適確か？　ヒガンバナの自生地および自生面積と、集落の成立期との関わりについて調査した文献を探しましたが、見あたりませんでしたので、自分で調べて、解釈の是非を検討することにしました。

　これがヒガンバナとの出会いであり、上記の疑問を自ら解くために、豊川流域で調査し、諸事実を結びつけて得た結果が、次の第2章です。

第2章 ヒガンバナが日本に来た時期

第1節 作業仮説の設定

　ヒガンバナの球根には若干のデンプンが含まれているが、リコリンなどの有毒物質も含まれており、未処置のまま食べると中毒する。しかし、加熱と水さらしで有毒物質を除去すれば、食べることができる。ヒガンバナは、古い時期に中国の長江下流域から西南日本に渡来した半栽培植物であったが、農耕の生産力が安定すると、人間の管理から離れて、集落付近の日当りのよい場所に自生する人里植物になったといわれている。

　日本に自生するヒガンバナは、染色体の数が33の三倍体で種子ができないことに加えて、人里だけに生えているので、その自生地はかつて人間が球根を植えて半栽培したなごりであると考えられる。

　以上のことから、「農耕の生産力が不安定であった古い時代に成立した集落ほどヒガンバナの自生面積は大きい」という仮説を設定することができる。この仮説が成立するかどうかを検討するために、愛知県東部の豊川流域（約800km²）で、集落ごとにヒガンバナの自生面積を計測し、その面積の大小と、集落の成立期との関わりを考察した。豊川流域は日本列島の中でヒガンバナがもっとも多く自生する場所のひとつであり、また先史時代以降人々が生活してきた場所なので、調査対象地の条件を満たすからである。

　ここでは、調査の結果を記述するとともに、ヒガンバナが日本列島に渡来した時期を考えてみたい。なお、この章でいう集落の成立期とは、その場所で人間集団の生活と生産が最初におこなわ

れた時期を指し、その後も人々が住み続けたかどうかは問題にしない。また、縄文期と弥生期の遺跡の中には、遺物が散乱するだけで、集落跡は発見されていない場所があるが、今回はそこで生産と生活がおこなわれていたと見なして、遺物が散乱するだけの場所も、縄文期または弥生期の遺跡がある集落とした。

第2節　豊川流域におけるヒガンバナの自生面積の計測法と自生地の分布

　ヒガンバナの自生面積の計測は、1989年9月22～25日の4日間、愛知大学で地理学を専攻する学生19名の協力を得ておこなった。まず豊川流域を40の調査区に分け、2人一組で10班を編成した。自生面積の計測は、調査者それぞれが1mまで測れる折れ尺を持ち、自生地点ごとに2人で面積を計測する方法をとった。海岸部の自生状況を見るために、豊川に隣接する小河川の流域も調査範囲に含めた（図4）。

　計測した自生面積は、その場で国土地理院発行の縮尺2万5千分の1地形図上の該当地点に、あらかじめ設定しておいた5段階の面積ランクで表示した。すなわち、1辺が50cm未満の正方形に収まれば「1」、1辺が50cm～1mの正方

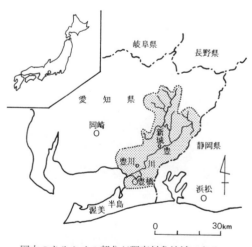

図中のあみふせの部分が調査対象地域である。
図4　ヒガンバナの自生面積を調査した領域

形に収まれば「2」、同じく1〜2mは「3」、同じく2〜3mは「4」、3m以上は「5」とし、ヒガンバナの自生地点ごとに、いずれかのランク記号を地形図上に記入する方法をとった。1か所にきわめて密に自生している場合は、1辺3m以上の記号「5」をその面積分だけ複数個記入した。また、ほぼ一列に並んで自生する場合は、計測者の目測で50m程度の範囲を1か所に集めた面積を想定して計測した。50mとした理由は、2万5千分の1地形図では50mの幅は2mmになって、1〜5のランク値を地形図中になんとか記入できるからである。

　ヒガンバナの自生状況は、山間の傾斜地に立地する集落と、平坦地の集落とでは異なる。すなわち、前者では人家が集まっている場所周辺の日当りのよい斜面に自生地が集中するのに対して、後者では自生地がやや分散する。しかし、平坦地の自生地を細かく見ると、豊川の古い堤防ののり面や、河岸段丘を切る小河川ののり面や、水田の畔に多い。ヒガンバナが河川敷に多く自生するのは、洪水時に上流部から押し流されてきた球根が根付いたからであろう。

　以上の要領で地図上に記入した各自生地点の面積ランクを、ふたたび数値に置き換えて、集落ごとの自生面積を算出した。そのためには集落の境界を設定しておく必要がある。

　豊川流域には314の集落がある。集落名は次の手順で拾った。
(1) 縮尺5万分の1の初版地形図（明治23年または41年測図）に記載されている集落……230集落
(2) 初版地形図には記載されていないが、天保5（1834）年の『郷帳』[1]に記載されている集落……82集落
(3) 近代以降に成立した集落……2集落
　今回は各集落の境界線を縮尺2万5千分の1地形図上に目測で

設定した。ヒガンバナは日当りのよい場所に生育する。集落間の境界部には樹木に覆われて日当りが悪いためにヒガンバナが生育しない場所があるので、そこに境界線を引いた。山間部では集落の境界部にヒガンバナが自生する日当りのよい場所があまりないので境界線は容易に引ける。他方、平坦地では集落の境界部にも自生することがあるので、その場合は集落間の中間点を結んで境界線を引いた。

次に、計測時に記入した各自生面積ランクの1辺には幅があるので、その長さを決めねばならない。今回は小さいランクの1辺は最大値を、大きいランクの1辺は最小値を、中間のランクの1辺は中間値をとり、ランク「1」の1辺の長さを50cm、ランク「2」の1辺の長さを1m、ランク「3」の1辺の長さを1.5m、ランク「4」の1辺の長さを2m、ランク「5」の1辺の長さを3mとした。小さいランクでは見落とし分を加味し、大きいランクでは見た目の広さを下方修正したほうがよいと考えたからである。各ランク1個分の面積は、ランク「1」が0.25㎡、ランク「2」が1㎡、ランク「3」が2.25㎡、ランク「4」が4㎡、ランク「5」が9㎡になる。

ひとつの集落のヒガンバナの自生面積を集計する手順は、次のとおりである。

(1) 各ランクがいくつあるかを数える。
(2) 各ランクごとに1個分の面積と(1)で得た個数との積を計算する。これで各ランクごとの自生面積が求められる。
(3) (2)で得た各ランクの値を合計し、小数点以下は四捨五入する。

こうして集計した各集落の自生面積を「自生なし」「自生面積0〜24㎡」「同25〜49㎡」「同50〜99㎡」「同100〜199㎡」「同200

表1 ヒガンバナの自生面積ランク別集落数（集落総数314）

記号	自生面積ランク(㎡)	集落数	構成比(％)
0	自生なし	20	6
1	0～24	152	48
2	25～49	56	18
3	50～99	54	17
4	100～199	20	6
5	200以上	12	4

㎡以上」の6ランクのいずれかに振り分けた。この区分では、対数目盛で表示した場合に、3番目から5番目までのランクの幅が等しくなる。各自生面積ランクに属する集落の数は「0～24㎡」がもっとも多く、全集落の半数近くを占める（表1）。

　集落ごとの自生面積ランクを土地利用図に重ねたものが図5である。この図は自生なしの集落を「0」、自生面積0～24㎡の集落を「1」、25～49㎡の集落を「2」、50～99㎡の集落を「3」、100～199㎡の集落を「4」、200㎡以上の集落を「5」の記号で表示してある。

　この図から、豊川の中流域に自生面積の大きい集落がいくつかあることがわかる。また、豊川の支流が山地を刻む谷底から谷の斜面に位置する集落の中にも、自生面積の大きい集落がいくつかある。これらはいずれも山麓緩斜面に造られた棚田が分布する集落である。他方、山間部の集落と、豊川下流域の低地に位置する集落と、海岸付近に位置する集落の自生面積は小さい。山間部は樹木に覆われて日当りのよい場所が限られること、低地は河川の洪水時にヒガンバナの球根が押し流されること、海岸付近はヒガンバナは食用植物であることを人間が忘れて移植されなくなった

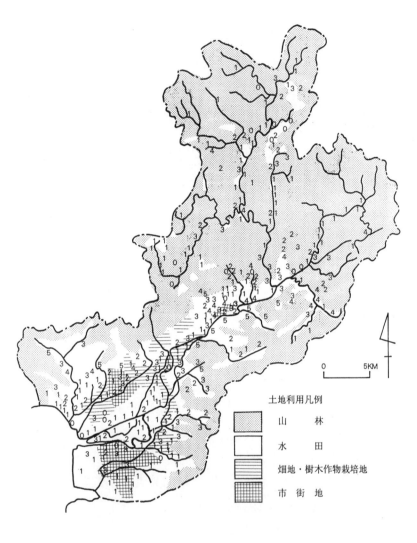

| 0 | 自生なし | 1 | 自生面積 0〜24㎡ | 2 | 自生面積 25〜49㎡ |
| 3 | 自生面積 50〜99㎡ | 4 | 自生面積 100〜199㎡ | 5 | 自生面積 200㎡以上 |

図5 豊川流域におけるヒガンバナの自生面積分布

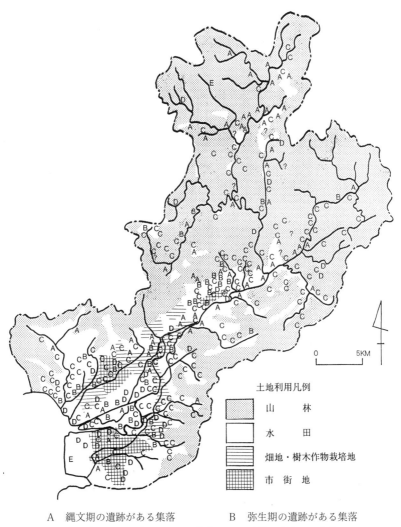

A 縄文期の遺跡がある集落　　B 弥生期の遺跡がある集落
C 中世末までには成立していた集落　D 近世に成立した集落
E 近代に成立した集落　　　　? 成立期が不明の集落

縄文・弥生期は『愛知県遺跡分布図』（愛知県教育委員会、1972）と『日本地名大辞典23 愛知県』（角川書店、1989）による。

図6　豊川流域における成立期別集落分布

後に陸化したことが、それぞれ自生面積が小さい原因であるように思われる。

第3節　集落成立期の推定法と集落の分布

　筆者は『愛知県遺跡分布図』[2]と『角川日本地名大辞典23　愛知県』[3]を用いて、各集落の成立期の上限を推定した。そして、314集落を「縄文期の遺跡がある集落」「弥生期の遺跡がある集落」「中世末までには成立していた集落」「近世に成立した集落」「近代に成立した集落」「成立期が不明の集落」のいずれかに振り分けた。したがって、今回の区分では、縄文期から弥生期にかけての遺跡がある集落は「縄文期の遺跡がある集落」に含まれる。また「中世末までには成立していた集落」とは、中世までの史料に村名が記載されている集落と、慶長年間の検地帳に村高が記載されているか当時の所領者が明らかな集落を指す。

　成立期別に集落数を数えると、「中世末までには成立していた集落」がほぼ半分を占め、縄文期と弥生期の遺跡がある集落まで加えると、その構成比は85％になる（表2）。このことから、豊川流域の集落のほとんどは中世末までには成立していたことがわ

表2　成立期別集落数（集落総数314）

記号	集落の成立時代の区分	集落数	構成比（％）
A	縄文時代の遺跡がある集落	61	19
B	弥生時代の遺跡がある集落	39	12
C	中世末までには成立していた集落	168	54
D	近世に成立した集落	37	12
E	近代に成立した集落	2	1
?	成立期が不明の集落	7	2

かる。

各集落の成立期を土地利用図に重ねたものが図6である。この図には縄文期の遺跡がある集落を「A」、弥生期の遺跡がある集落を「B」、中世末までには成立していた集落を「C」、近世に成立した集落を「D」、近代に成立した集落を「E」、成立期が不明の集落を「?」の記号で表示してある。

この図から、豊川中流域に縄文期または弥生期の遺跡がある集落が多いこと、中世末までには成立していた集落は豊川流域全体に分布していること、近世に成立した集落の多くは豊川下流域に多く分布していることがわかる。

第4節 ヒガンバナの自生面積と集落成立期との関わり

図7は、ヒガンバナが自生する集落ごとの自生面積と、集落の成立期との関わりを見

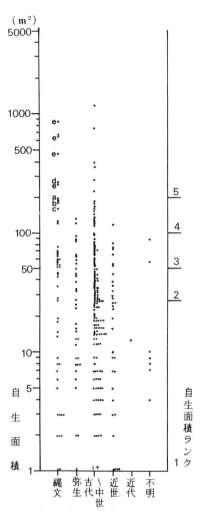

図中の一点が1集落を示す。
 a 縄文早期の遺跡がある集落
 b 縄文前期の遺跡がある集落
 c 縄文中期の遺跡がある集落
 d 縄文後期の遺跡がある集落
 e 縄文晩期の遺跡がある集落

図7 集落の成立期別ヒガンバナの自生面積分布

第2章 ヒガンバナが日本に来た時期 29

るために作成した図である。この図は横軸に集落の成立期をとり、縦軸にヒガンバナの自生面積を対数目盛で示してある。この図から、成立期の古い集落ほどヒガンバナの自生面積が大きい傾向があることがわかる。この図で注目されるのは、縄文期の遺跡がある集落の中でヒガンバナの自生面積200㎡以上の集落が6つあるが、そのうち4つは縄文晩期の遺跡がある集落（記号e）であるという点である。

　ヒガンバナの自生面積ランクと集落の成立期との関わりを見るために、表3を作成した。各時期に属する集落数が異なるので、各ランクの構成比で比較できるように、この表には各時期に属する集落の総数を100とした場合のランク別構成比を（　）内に示してある。自生面積ランク「2」以上について各時期ごとに集落数の構成比を見ると、縄文期の遺跡がある集落と弥生期の遺跡がある集落は、ランク「3」の構成比がそれぞれ25％と21％でもっとも大きいのに対し、中世末までには成立していた集落と近世に成立した集落は、ランクが下がるごとに構成比が高くなってい

表3　集落の成立期とヒガンバナの自生面積ランクとの相関関係

自生面積ランク	縄文	弥生	～中世末	近世	近代	不明
5	6(10)		6(4)			
4	6(10)	2(5)	11(7)	1(3)		
3	15(25)	8(21)	24(14)	6(16)		2
2	6(10)	7(18)	35(21)	8(22)		
1	20(33)	20(51)	86(51)	18(49)	2	5
0	8(13)	2(5)	6(4)	4(11)		

時代　古い ←——→ 新しい

（　）は各時期内の構成比（％）を示す。

る。したがって、成立期の古い集落ほどヒガンバナの自生面積は大きい傾向があることがわかる。

第5節　豊川の中下流域におけるヒガンバナの自生面積と集落成立期との関わり

　豊川の中下流域は上流域よりも集落ごとの自生面積の違いが大きい。ここでは、豊川の中下流域におけるヒガンバナの自生面積と集落成立期との関わりを、土地利用と集落が位置する場所の地形から考えてみたい。

　図8は、各集落のヒガンバナの自生面積と集落成立期を、土地利用図の上に表示した図である。この図から次のことが読みとれる。

　第一に、豊川中流域左岸と、豊川の支流が山地を刻む谷底から谷の斜面にかけて、ヒガンバナの自生面積が大きい集落がいくつかあり、かつこれらの集落の多くは中世末までには成立していた。ちなみに、左岸とは、河川の下流側を見て、左側の岸のことである。

　第二に、畑地と樹園地が多い集落ではヒガンバナの自生面積は小さく、まったく自生していない集落もある。

　第三に、下流域の集落の中で、豊川の河道周辺に位置する集落はヒガンバナの自生面積が小さい。

　第四に、海岸に面する集落にはヒガンバナはほとんど自生していない。

　豊川流域ではヒガンバナの多くが水田の畔に自生している。そこで、豊川中下流域でヒガンバナの自生面積が大きい集落の水田率を見ると、50％以上の集落（図8で記号の上端に横線が引いてある集落）がある一方で、30％未満の集落（図8で記号の下端に

0	自生なし	A	縄文期の遺跡がある集落
1	自生面積 0〜24㎡	B	弥生期の遺跡がある集落
2	自生面積 25〜49㎡	C	中世末までには成立していた集落
3	自生面積 50〜99㎡	D	近世に成立した集落
4	自生面積 100〜199㎡	E	近代に成立した集落
5	自生面積 200㎡以上		

自生面積と成立期の記号の上に横線が引いてある集落は、水田率が50％以上の集落である。自生面積と成立期の記号の下に横線が引いてある集落は、水田率が30％未満の集落である。図中右上の点線内は、図11で示す範囲である。

図8 豊川中下流域におけるヒガンバナの集落別自生面積と集落の成立期

横線が引いてある集落）もある。また、水田率は50％を超えるが、ヒガンバナの自生面積は小さい集落がかなりある。したがって、図8を見る限り、水田が多い集落ほどヒガンバナが多く自生

しているとは言えないのである。

　図9は、今回調査した集落名と「農林業センサス集落カード」に記載された集落名が一致する202集落について、水田率とヒガンバナの自生面積との関わりを見るために作成した図である。この図から、ヒガンバナの自生面積の大小と水田率の高低とは、まったく関係がないことがわかる。

　以上のことから、ヒガンバナの自生面積の大小は、各集落の水田面積の多少では説明できないことが明らかになった。

　次に、豊川中下流域の集落の中で、ヒガンバナの自生面

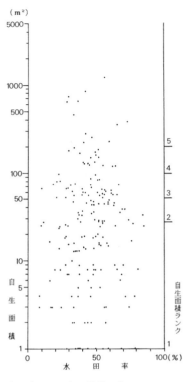

水田率は1960年の数値である。
1970年農林業センサス集落カードによる。
水田率の平均は47.6%（1960年）である。

図9　集落の水田率とヒガンバナの自生面積との相関図

積ランク「3」「4」「5」、すなわち自生面積が50㎡以上の集落がどのような地形の場所に位置しているかを検討してみたい。

　図10に示すように、ヒガンバナの自生面積が大きい集落の多くは、山地と下位段丘との接点、山地と沖積低地との接点、豊川の支流が山地を刻む谷底から谷の斜面、中位および上位段丘上に位置している。

　筆者が観察した限りでは、ヒガンバナが多く自生する集落のう

ち、豊川中流域左岸の山地と下位段丘との接点に位置する集落では、山地末端の斜面に棚田があり、下位段丘上は畑地か樹園地になっている。そしてヒガンバナは山地末端斜面の棚田の畔に多く自生している。山地と沖積低地との接点に位置する集落では、ヒガンバナは山地末端の斜面に造られた棚田の畔に多く自生しており、沖積低地の水田の畔にはほとんど自生していない。豊川の支流が山地を刻む谷底から谷の斜面に位置する集落では、ヒガンバ

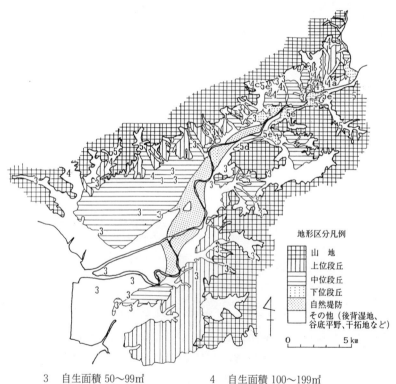

図10 豊川中下流域の地形とヒガンバナの自生面積が大きい集落の分布

ナは段差の大きい棚田の畔に多く自生している（写真5）。中位段丘上と上位段丘上に位置する集落では、ヒガンバナは河岸段丘を切る小河川ののり面に自生している。そして、この小河川の上流部にはヒガンバナが多く自生する集落がある。

　以上述べた諸集落の共通点は、ヒガンバナの球根を押し流したり冠水して球根が腐るような大規模な洪水が発生する恐れがほとんどない場所に、集落が位置していることである。

　図10で注目すべきことがもうひとつある。それは、縄文期の遺跡がある集落のうち、縄文期内のいずれの時期の遺跡であるかが記載されている集落が七つあり、そのうちの4つは縄文晩期の遺跡がある集落であるということである。このことは、ヒガンバナが中国の長江下流域から日本に渡来した時期を考えるのに、重大な示唆を与えてくれるように思われる。

第6節　豊川中流域の2集落におけるヒガンバナの自生地

　図11は、豊川流域の中でもヒガンバナの自生面積がもっとも大きい中流域左岸の2つの集落、塩沢と鳥原におけるヒガンバナの自生地の分布を示した図である。この図の範囲は図8の右上角近くに点線で囲ってある。図中の記号Rはその地点のヒガンバナの自生面積が約50㎡であることを意味し、記号rはヒガンバナの自生面積が約10㎡であることを示している。

　塩沢のヒガンバナの自生面積は631㎡で、ここは豊川流域で自生面積が5番目に多い集落である。塩沢には縄文後期の遺跡（図中J1）と、縄文晩期から弥生期にかけての遺跡（図中J2, 写真8）がある。塩沢はその領域のほとんどが豊川と大入川(だいにゅうがわ)に挟まれた下位段丘上に位置しているために水はけがよく、耕地の多くは畑地と樹園地である。塩沢には集落東南部の山麓斜面に棚田が

R　ヒガンバナの自生面積約50㎡　　　r　ヒガンバナの自生面積約10㎡
J1　縄文後期の遺跡　　　　　　　　J2　縄文晩期〜弥生期の遺跡

この図の範囲は図8に示してある。
縮尺2万5千分の1地形図「三河富岡」(昭和50年修正測量) に記号を入れた。

図11　塩沢と鳥原のヒガンバナの自生地分布

あるが、水田率は28％で、豊川流域全体の水田率よりも20％ほど低い。塩沢のヒガンバナの自生地と土地利用との関わりを見ると、ヒガンバナは屋敷地付近と南東部の棚田の畔に多く自生し、樹園地にはほとんど自生していない。また、屋敷地付近と棚田の畔の自生面積を比べると、棚田の畔により多く自生している。そして縄文晩期から弥生期にかけての遺跡 (J2) は、ヒガンバナが密に自生する棚田地区の中にある。他方、縄文後期の遺跡 (J1) 付近には、ヒガンバナはほとんど自生していない。このようなヒガンバナの自生状況から、筆者は塩沢を縄文晩期の遺跡がある集

落とした。

　鳥原は塩沢の西隣に位置する集落である。鳥原のヒガンバナの自生面積は737㎡で、ここは豊川流域では自生面積第3位の集落である。鳥原の耕地のうち、大入川より南は山地末端部の緩斜面に位置する棚田であり、大入川より北の下位段丘上は畑地になっている。鳥原の水田率は約30％である。鳥原のヒガンバナの自生地と土地利用との関わりを図11で見ると、ヒガンバナは山麓緩斜面の棚田の畔に群生しており、畑にはほとんど見られないことがわかる。ヒガンバナの開花期の9月下旬に、鳥原の南側の緩斜面を見ると、棚田の畔一面にヒガンバナが咲き乱れる景色が展開する。この棚田は近年圃場整備がおこなわれたが、それでもヒガンバナは高密度に群生している。ヒガンバナの自生地の継続性を思い知る景色である。

　ヒガンバナの自生地に関して、この2集落に共通することは、水田率は低いにもかかわらず、ヒガンバナのほとんどが棚田の畔に群生していることである。塩沢と鳥原におけるヒガンバナの自生地の地目別構成比を見ると、60％が水田である（表4）。両集落とも水田率は30％ほどであるから、総耕地面積の3割しかない水田の畔に、総自生面積の6割のヒガンバナが生えているのである。このことはヒガンバナの日本への渡来期を推定するうえで、

表4　塩沢と鳥原のヒガンバナの地目別自生面積と構成比

地　目	面積(㎡)	構成比(％)
水　田	814	60
畑・樹園地	331	24
宅　地	92	7
森林・荒地	131	10

1960年の水田率（総耕地面積中の水田面積比）は29％。

重要な示唆を与えてくれる。

　今回の調査結果だけでヒガンバナの日本列島への渡来期に関する説を提示するのは早計であろうが、それを承知の上で、次に筆者の考えを述べてみたい。

第7節　ヒガンバナが日本に来た時期

　ヒガンバナの日本列島への渡来期は、照葉樹林文化の農耕方式の発展段階で言えば、もっとも古いプレ農耕段階であろうというのが、これまでの通説であった。

　前川文夫[4]によると、ヒガンバナは日本では薮の縁や土手など、人間が住む場所付近にのみ自生しているが、中国の長江の中下流域では、日本と同様な土地条件の場所のほか、大きい露岩の上のような、ほとんど土壌がない乾いた場所にも自生している。ヒガンバナの中国名「石蒜」の語源はここにあるのではないかと、前川は述べている。(前掲(4) 139頁)

　また、前川[5]は、日本のヒガンバナは種子ができない三倍体のものしかないので、日本での分布地の拡大は、人間が球根を移植した結果であると考えられることと、屋敷地付近にしか自生しないことから、ヒガンバナはある時期に食料資源として中国南部から日本列島に持ち込まれて定着した帰化植物であると考えられ、その渡来期はイネや雑穀よりも早いのではないかと述べている。(前掲(5) 151-152頁)

　中尾佐助[6]は、照葉樹林文化の中における農耕方式の発展過程の試案として、野生採集段階→半栽培段階→根栽植物栽培段階→ミレット（雑穀）栽培段階→水稲栽培段階の五段階を設定した。この中で中尾はヒガンバナを半栽培段階の植物のひとつにあげている。(前掲(6) 369頁)

佐々木高明[7]は、中尾の発展段階説をプレ農耕段階→雑穀を主とした焼畑段階→稲作ドミナントの段階の三段階に整理した。その中で、ヒガンバナについては中尾の説を踏襲して、すでにプレ農耕段階（縄文前～中期）に日本で保護や管理がなされていた半栽培植物のひとつであろうと述べている。（前掲(7) 29-36頁）
　上記の諸説と筆者の調査結果を整理すると、ヒガンバナは次のような一見矛盾する性格を持つ植物である。
 (1) 中国の長江の中下流域では乾いた場所にも自生している。
 (2) 日本では水田の畔や屋敷地まわりに多く自生し、畑地の縁など乾いた場所にはほとんど自生していない。
　稲作が日本列島へ渡来する以前にヒガンバナはすでに渡来していたという説では、この2つの事実を矛盾なく説明することができない。プレ農耕段階、または雑穀を主とした焼畑段階にヒガンバナがすでに日本に渡来していたとすれば、人間の保護と管理が早い時期になされなくなったとしても、当時の名残として現在でも畑地の縁など乾いた土地に、ある程度自生していてもよいはずである。また、ヒガンバナが雑草扱いされるようになってから、畑地の縁の球根だけが除去されねばならない理由も見出せない。しかし、日本ではヒガンバナは畑地の縁など乾いた場所にはそれほど自生していない。それでは、上記の2つの事実を矛盾なく説明できるヒガンバナの渡来期があるか。
　筆者は、佐々木のいう稲作ドミナントの段階に入っていた「中国の長江下流域から、水田稲作農耕文化を構成する要素のひとつとして、ヒガンバナは縄文晩期に渡来したか、またはそれ以前に渡来していたとしても、縄文晩期に渡来したものが、現在自生するヒガンバナの直接の祖先であろう」という説を提示したい。
　ヒガンバナは日本列島に持ち込まれた時に、すでに水田稲作と

セットになっていたので、その技術の枠内で生活する人間が、乾いた土地に球根を移植することはまずなかったであろう。このように考えれば、ヒガンバナの自生地が中国の長江中下流域と日本とでやや異なる事実を、矛盾なく説明できるのである。これがヒガンバナの9番目の不思議への答である。

　筆者の説の裏付けになると思われることを、豊川流域の調査結果から2つあげる。

　図7で示したように、縄文期の遺跡がある集落の中にヒガンバナの自生面積200㎡以上の集落が6つあるが、そのうちの4つが縄文晩期の遺跡がある集落であることが、根拠のひとつである。また図11で示したように、豊川中流域の左岸に位置する塩沢には縄文期の遺跡が2か所あるが、そのうち樹園地の中に立地する縄文後期の遺跡（図中J1）付近にはヒガンバナはほとんど自生していないのに対して、棚田の中に立地する縄文晩期から弥生期にかけての遺跡（図中J2）付近にはヒガンバナが多く自生していることが、もうひとつの根拠である。

　縄文期の遺跡がある61集落の時期区分とヒガンバナの自生面積の大小との関わりを表5に示した。時期ごとの集落数が異なるので、素数を直接比較することはできないが、縄文晩期の遺跡がある集落の自生面積の大きさには、ある程度の意味を与えることができるように思われる。

　水田稲作農耕文化を構成する要素のひとつとして縄文晩期に渡来したか、生育する場所が縄文晩期に定まったヒガンバナは、ある時期までは食用植物として水田の畔や屋敷地まわりで半ば栽培されていたが、後に穀物の生産が安定するようになると、かつて半栽培されていた場所で、自生するようになった。そして人里の雑草になってからは、球根でしか繁殖しない日本のヒガンバナは、

表5　縄文期の遺跡がある集落の時期別集落数と
ヒガンバナの自生面積ランクとの関わり

時期区分	自生面積とランク						合計
	自生なし 0	0〜24㎡ 1	25〜49㎡ 2	50〜99㎡ 3	100〜199㎡ 4	200㎡以上 5	
早　期	1	1		1	1		4
前　期	1	1			1		3
中　期	2	4	1				7
後　期		5		4		1	10
晩　期	1	5	1	9	1	4	21
記載なし	3	4	4	1	3	1	16
合　計	8	20	6	15	6	6	61

自生地よりも低い場所に分布域を拡大することはあっても、高い場所に向かって拡大することはなかったと筆者は考える。

　ただし、筆者の説には2つの問題点がある。ひとつは、豊川流域で縄文晩期の水田遺構が発掘されたとの報告がないことである。もうひとつは、豊川流域で縄文晩期の遺跡がある集落にヒガンバナが多く自生しているのは、ヒガンバナが淘汰されにくい場所にこれらの集落が偶然に立地しているだけのことではないかという疑問に対して、答える材料を持ち合わせていないことである。これについては、他地域で今回と同じ方法を使ってヒガンバナの自生面積を計測し、集落の成立期との関わりを考察する作業を積み重ねるよりほかない。

　また、現在のヒガンバナの自生地分布をデータにしてヒガンバナが日本に来た時期と道を説く筆者に、「現在のヒガンバナの自生地分布から過去のことがわかるか」との疑問が寄せられているが、筆者はこの方法で問題ないと考えている。それは、日本のヒガンバナは球根の増殖で種(しゅ)を維持するので、人間が植えた後、食用植物であることが忘れられて管理されなくなった時期以降、自生地

はほとんど拡大していないと考えるからである。球根の増殖以外で自生地が拡大するのは、洪水や地滑りによって球根が低位部へ押し流される場合ぐらいであろう。すなわち、ヒガンバナは昔から今まで同じ場所で自生し続けてきたというのが、筆者の見解である。

　ちなみに、水田では稲刈り前に畔の草刈りがおこなわれるが、これが冬の間は地表面に張り付くように葉を広げて光合成するヒガンバナの受光環境を良くしている。したがって、人間が気付かないだけで、ヒガンバナは今でも人間の保護下で生育する雑草であるといえよう。また、水田はヒガンバナが葉を広げる秋から春にかけて水を落とせば、比較的乾燥した状態になる。その意味では、ヒガンバナは乾いた土地でも十分に生育するのである。ヒガンバナは湿気がある所だけに生育する植物ではない。それでも、日本では水田の畔から離れることができなかったのは、当初の植栽地が意図的に選択されたからであろう。

〈註〉
(1) 史籍研究会『天保郷帳(一)』(内閣文庫所蔵史籍叢刊55) 1984, 汲古書院, 120-128頁。
(2) 愛知県教育委員会『愛知県遺跡分布図』1972, 愛知県教育委員会, 94頁。
(3) 角川日本地名大辞典編纂委員会『角川日本地名大辞典23 愛知県』1989, 角川書店, 2078頁。
(4) 前川文夫『植物の名前の話』1981, 八坂書房, 164頁。
(5) 前川文夫『日本人と植物』1973, 岩波書店 (岩波新書 青-849), 193頁。
(6) 中尾佐助「農業起源論」(森下正明・吉良竜夫編『自然——生態学的研究』1967, 中央公論社, 329-494頁)。
(7) 佐々木高明『照葉樹林文化の道——ブータン・雲南から日本へ』1982, 日本放送出版協会, 253頁。

話の小箱2

あなたもヒガンバナの自生面積を測ってみませんか

　あなたも秋の村里を散策しながらヒガンバナの自生面積を測ってみませんか。私がおこなったヒガンバナの自生面積の計測法は22〜25ページに書いてありますが、ここに少し付け加えます。
　自生面積を測る時期は9月下旬の開花期をおすすめします。なにしろあの真っ赤な花は目立ちますから。道具は巻き尺か折れ尺と縮尺2万5千分の1地形図と筆記具だけです。地形図は大きい書店に行けば1枚300円ほどで売っています。
　私が設定した自生面積ランクがおよそどれくらいの生え具合いであるかを、巻頭の写真を使って説明しましょう。ランク方式で自生面積を測る場合は目安にしてください。
　ヒガンバナが1本でも生えていたら地形図の該当地点に1のランク記号を記入します。写真1の右側の写真はランク2の下限です。写真5（愛知県新城市吉川）の中央の畔の下半分だけだとランク3です。私は50mの範囲を目測で一か所に集めて自生面積を測りましたので、写真5全体のランクは4になります。写真6の右下の群生地はランク5です。写真6全体では、道路下の斜面と道路脇を合わせてランク5の記号を4つ、右上の畑分としてランク3をひとつ記入します。
　測る場所はひとつの河川の流域をおすすめします。歩くか自転車に乗って自生地を探し、自生地ごとにランク値を地形図に記入していけば、分布図ができます。それを眺めるとヒガンバナはどんな地形や土地利用の場所にたくさん生えているかがわかります。古い時代の遺物の出土地なども記入すれば、わかってくることが増えると思います。
　次ページの図はその一例です。手間はかかりますが、図5のように集落ごとに自生地を集計して流域全体の分布図を作り、図6のような別の分布図を重ねると、もっと面白いことがわか

第2章　ヒガンバナが日本に来た時期

るかも知れません。
　私は、人間が生育地を広げる前のヒガンバナは、アジア東部の照葉樹林すなわち常緑広葉樹林の中を流れる河川沿いの、日当たりのよい微高地に群生する草のひとつだったと考えています。下の図中のB地点は、それを連想させる場所です。
　ヒガンバナは遠い昔のロマンに浸れる花だと私は思っています。ヒガンバナの自生面積を測ることで、あなたの夢が広がればさいわいです。

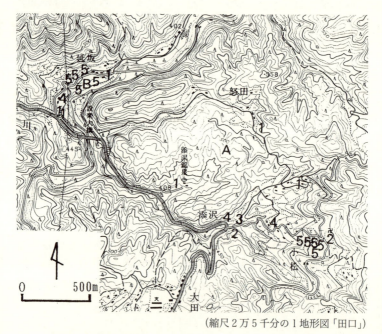

（縮尺2万5千分の1地形図「田口」）

1　1辺が0.5mの正方形に収まる自生地
2　同 0.5〜1mの自生地　　　3　同 1〜2mの自生地
4　同 2〜3mの自生地　　　　5　同 3m以上の自生地
A　縄文後期の遺物の出土地　　B　縄文晩期の遺物の出土地

第3章　ヒガンバナが日本に来た道

第1節　稲作農耕が日本に来た道

　前章で「水田稲作農耕文化を構成する要素のひとつとして、中国の長江下流域から縄文晩期に渡来したヒガンバナが現在自生するヒガンバナの直接の祖先であろう」との筆者の説を述べた。次の課題はヒガンバナが日本列島に来た道であるが、ヒガンバナはイネと一緒に来たのであるから、まずは稲作農耕はどの道を経て日本に持ち込まれたかについての諸説を紹介しておくことにする。

　図12は稲作農耕が日本列島へ渡来した３つの道を示した図であり、いずれの道も説得性のある根拠を持っている。

　(A) 中国の長江下流域から朝鮮半島の南部を経て九州に渡来したという説
　(B) 中国の長江下流域から直接九州へ渡来したという説
　(C) 南の島伝いに北上して九州へ渡来したという説

　ＡとＢの道は、水田稲作農耕が日本列島に伝わった道である。Ａの道を経てきたとする説には、朝鮮半島南部と北部九州から出土する土器と石器が共通し、人骨の形態が似ているなど、多くの根拠がある。また、現在でも朝鮮半島南部の村に多く見られる鳥形と同型の木製品が、西日本の弥生遺跡から出土することも、根拠のひとつになろう。他方、Ｂの道を経てきたとする説の根拠は、中国の東シナ海沿岸地域と北部九州から出土する人骨の形態が近似することや、中国江南と九州有明平野の水田稲作具の形態がよく似ていることなどである。

　Ｃの道は、南島を飛び石状に渡って日本列島に至る道である。

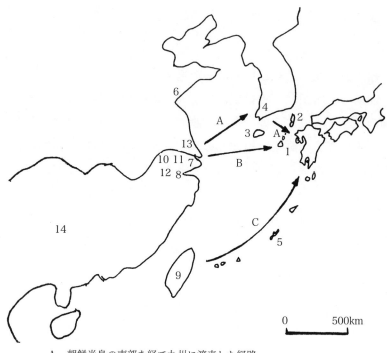

A 朝鮮半島の南部を経て九州に渡来した経路
B 直接九州に渡来した経路（ヒガンバナを構成要素に含む）
C 南の島伝いに北上して九州に渡来した経路
1 五島列島福江島　　2 対馬　　　　3 済州島
4 モクポ　　　　　　5 沖縄島　　　6 山東省日照市
7 上海　　　　　　　8 杭州　　　　9 台湾島
写真10～14のヒガンバナ撮影地
10 南京　　　　11 蘇州　　　12 浙江省安渓村
13 江蘇省南通市軍山　　14 広西壮族自治区平安村

図12　稲作農耕の日本への渡来経路

　南島の稲作遺跡の時代はそれほど古くないので、この道はしばらく否定されていたが、南島と西日本の在来イネの中に、南島を経由して北上したと考えられる遺伝子を含むものがあることが明らかになって、Cの道は復活した。ただし、このイネは、炭化米やプラントオパール（イネの体内の機動細胞硅酸体）を包含する土

地の地形から見て、畑で栽培されたイネのようである。したがって、今のところCの道は畑地稲作農耕が日本列島に来た道だと考えられている。

　筆者は、渡来期は異なるであろうが、稲作農耕はＡＢＣいずれの経路からも日本列島に渡来し、日本の中でこれらが融合して、日本の稲作農耕が形成されたと考えている。日本の稲作は、影響度の差はあるものの、中国南部、朝鮮半島、南島の影響をすべて受けているからである。

第2節　ヒガンバナが日本に来た道

　稲作が日本に来た道のうち、ヒガンバナはどの道を経て中国の長江下流域から日本へ渡来したのであろうか。ここ10年来おこなってきた現地調査にもとづいて、筆者の説を述べることにする。

　中国ではヒガンバナを石蒜と呼び、『中国高等植物図鑑』[1]は「石蒜は長江流域とそこより南西部に分布する」（前掲(1)549頁）と記述している。中国の長江中下流域にはヒガンバナが自生しており、筆者は南京の明孝陵、蘇州の虎丘、杭州の北西郊外に位置する安渓村、江蘇省南通市の軍山、広西壮族自治区の平安村などで、ヒガンバナの群生地を見たことがある（写真10-14）。

　図12のＡの道は、実際には長江下流域から山東省の東海岸まで北上してから、黄海を渡って朝鮮半島に至る道であったと考えられる。この経路で日本列島に来た水田稲作にヒガンバナが付随していたとすれば、中国の山東省南部にもヒガンバナは自生しているはずである。筆者は山東省南東部の日照市近郊でヒガンバナの自生地の有無を調査したことがあるが、自生地はまったくなかった。また、土地の人々にヒガンバナの写真を見せて尋ねたが、見

たことがあると答えた人はいなかった。

　筆者は朝鮮半島南部の西海岸と南海岸を、ソウルからモクポとプサンを経てキョンジュまで、L字型の道順でヒガンバナの自生地を探したが、まったく見なかった。また、朝鮮半島の南西に位置する済州島でもヒガンバナの自生地の有無を調査したが、ここでもまったく見なかった。さらに、ここ数年は韓国を訪問するごとに出会う人々にヒガンバナの写真を見せているが、誰も見たことがないという。ちなみに韓国の『大韓植物図鑑』[2]には、「ヒガンバナは日本から持ち込まれた多年草で、民間で栽培される」（前掲(2) 224頁）と記述されており、『韓国の野生花』[3]という表題の図鑑にはヒガンバナは記載されていない。

　台湾島にはヒガンバナは自生していない。数人の台湾の知人に台湾島でヒガンバナを見たことがあるかを尋ねたが、見たことがあると答えた人は誰もおらず、「石蒜」という字を見せても、どんな植物であるかを知っている人はいなかった。台中市には植栽されたヒガンバナがあるが、これは近代に入ってから日本人が持ち込んだもののようである。

　ヒガンバナは沖縄島には自生していない。沖縄島でおこなった調査では、民家の庭など、島内の5か所にヒガンバナが植栽されているのを見るにとどまった。また、島内の各所でヒガンバナの写真を見せて、花の名前を知っているか、この花が自生している所があるかを尋ねたところ、写真の花がヒガンバナであることは皆が知っていたが、庭の花として植えてあるヒガンバナしか見たことがない、または実物は見たことがないとの返事であった。なお琉球列島の植物図鑑『琉球の植物』[4]には、ヒガンバナ科の植物3種類の形態や生育地などが記載されているが、ヒガンバナは記載されていない（前掲(4) 338-339頁）。

他方、長崎県から佐賀県北部にかけての東シナ海沿岸地域をはじめとして、九州の北西部にはヒガンバナが棚田型の水田の畔などに多く自生している。また、長崎県の対馬と五島列島福江島の水田の畔と屋敷地まわりには、ヒガンバナが群生する場所が各所に見られる（写真7）。
　これらのことを整理すると、中国山東省南東部と朝鮮半島南部と台湾島と沖縄島にはヒガンバナが自生していないのであるから、ヒガンバナを構成要素の中に含む稲作が来た道は、稲作が日本列島に来た3つの道のうち、Bの道だと考えるのが適切である。すなわち、ヒガンバナを構成要素にする稲作は水田稲作であり、それは中国の長江下流域から東シナ海を渡って直接日本へ渡来したのである。その時期は、前章で述べたように、縄文晩期であった。
　これで日本列島だけにヒガンバナが自生し、朝鮮半島と台湾島と沖縄島には自生しない理由を説明することができる。ヒガンバナは何回かあった稲作農耕文化の日本への渡来の何回目かに、水田稲作を構成する要素のひとつとして、中国の長江下流域から直接日本列島へ持ち込まれたのである。
　そして、ヒガンバナを伴う水田稲作技術は、先に日本列島に渡来していた稲作に強い影響を与えたと、筆者は考える。それは、ヒガンバナを伴う水田稲作が日本に渡来して以来、2500年ほどが経過しているにもかかわらず、東北地方中部以南の古い時代に造られた水田の畔に、ヒガンバナが現在も自生しているからである。

〈註〉
(1) 中国科学院植物研究所主編『中国高等植物図鑑 第5冊』1987, 科学出版社, 1144頁.

(2) 李昌福『大韓植物図鑑』1980, 郷文社, 990頁。
(3) 金泰正『韓国の野生花』1993, 教学出版社, 612頁。
(4) 初島住彦・中島邦雄『琉球の植物』1979, 講談社, 368頁。

中国長江下流域の人々もヒガンバナを好ましくない名で呼んでいる

　日本にはヒガンバナの地方呼称が1000近くあることは先に書きました。その中の大半が好ましくない名です。球根に毒があることを暗示したいからでしょう。

　中国語の辞典でヒガンバナを引くと、石蒜・老鴉蒜・蒜頭草の呼称が出てきます。球根で種を維持している草のイメージです。また、「石」には「食べられない」の意味が含まれているようです。

　私は中国南部を旅する時にはヒガンバナの写真を持って行き、土地の人々にヒガンバナの地方呼称を聞いてきました。浙江省余杭市では「鬼花」、浙江省杭州市では「龍爪花」「蟑螂（ゴキブリ）花」、口絵に写真を載せた浙江省余杭市安渓村（写真12）では「浪浪花」、安徽省では「牛屎花」と呼んでいるようです。ほとんどが嫌われている花のイメージです。中国南部でも球根に毒がある花のイメージが強いようです。

　ヒガンバナは、故郷の中国でも渡来先の日本でも人間に嫌われてきた、気の毒な植物です。

第4章 『和泉国日根野村絵図』域のヒガンバナの自生地分布

第1節 『和泉国日根野村絵図』域でヒガンバナの自生面積を計測した理由

　日本列島に自生するヒガンバナは、体細胞中の染色体数が33の三倍体で種子ができず、球根（鱗茎）の増殖で種を維持するので、自生地はほとんど広がらない。また、日本ではヒガンバナは人里に自生する雑草のひとつで、植栽されることはほとんどない。したがって、ヒガンバナが群生する場所には、古い時代から自生していたと考えられる。

　中国の長江下流域には、種子ができる二倍体のヒガンバナと、種子ができない三倍体のヒガンバナが自生しているが、日本には種子ができない三倍体のヒガンバナだけが自生している。その理由は、人間がヒガンバナの球根に含まれるデンプンを食料にする目的で、種子ができないために管理しやすい三倍体のヒガンバナだけを日本に持ち込んだからであるとされている。

　そうだとすれば、ヒガンバナが日本列島に持ち込まれた時期はいつで、どの道を経て持ち込まれたかが問題になる。筆者は第2章と第3章で、「ヒガンバナは、縄文晩期に、中国の長江下流域から東シナ海を直接渡ってきた人々が、水田稲作農耕文化を構成する要素のひとつとして日本に持ち込んだ」との説を提示した。

　ヒガンバナは水田稲作の技術を持つ人々の手で日本各地に植栽され、東北地方中部まで広がった。しかし、稲などの穀物類の生産が次第に安定するにつれて、ヒガンバナを植栽したり管理することがおこなわれなくなると、球根の増殖でしか種を維持する手

段を持たないために自生地が広がらないヒガンバナは、人里に自生する雑草になったのである。

　それでは、ヒガンバナが食料資源としての役割を終えて、人里に自生する雑草扱いされるようになったのはいつか。

　筆者は第2章で、愛知県東部の豊川流域に314ある集落ごとに、ヒガンバナの自生面積と集落の成立期とを対照した。そして、中世末までに成立した集落にはヒガンバナが多く自生しているのに対して、近世以降に成立した集落にはほとんど自生していないことを明らかにした。したがって、豊川流域の人々がヒガンバナの球根を食料資源として植栽したのは、中世までだったと考えられる。

　筆者は、この結果がどの程度普遍性を持つかを検討するために、土地開発の時期が先史時代から近世にまたがる領域で、ヒガンバナの自生面積を計測してみたいと考えていた。今回調査した『和泉国日根野村絵図』域は、上記の条件を満たす領域のひとつである。

第2節　目的と方法

　『和泉国日根野村絵図』[1]（図13）は、裏書に正和5(1316)年6月17日の日付があるので、この年が作成年だとされている（前掲(1)86頁）。この章では、『和泉国日根野村絵図』域で2000年9月22日におこなったヒガンバナの自生面積の計測結果を分布図に表示し、その図と『和泉国日根野村絵図』域の耕地の開発過程を対照して、ヒガンバナが食料資源から雑草になった時期を提示する。

　ヒガンバナの自生面積の計測は次の方法でおこなった。

　ヒガンバナが自生する場所ごとに国土地理院発行の縮尺2万5

額田（1994）、54頁を転写

図13 『和泉国日根野村絵図』の素描図

千分の1地形図に自生面積を記入する。自生面積は5段階の記号で地形図に記入した。すなわち、1辺が0.5m未満の正方形に収まる自生地の記号を「1」、0.5〜1mを「2」、1〜2mを「3」、2〜3mを「4」、3m以上を「5」とし、ヒガンバナの自生地ごとに地形図の該当箇所にいずれかの記号を記入した。密に自生する場所には、「5」の記号を面積分だけ記入した。ヒガンバナが帯状に自生する場合は、50m幅の自生地を1か所に集めた面積を想定して、記号を地形図に記入した。50mは縮尺2万5千分の1地形図では2mmになり、自生面積の記号を地形図に記入できる最小限の幅である。これでヒガンバナの自生地分布図ができる。

この自生地分布図と『和泉国日根野村絵図』域の耕地の開発過程を対照して、ヒガンバナが食料資源から人里の雑草になった時期を提示する。

第3節 『和泉国日根野村絵図』域のヒガンバナの自生地分布

『和泉国日根野村絵図』域は、先史時代から近世の間に耕地の開発がおこなわれて、人々が住み続けてきた場所である。市街地化などの土地改変によって自生地が消滅したと思われる場所を除いて、ヒガンバナは今回調査した領域のほぼ全域に自生している（図14、写真9）。

今回調査した領域内にある耕地の大半は水田であり、樫井川右岸の平坦地を除けば、北東から南西方向に向かって低くなる緩傾斜地に棚田が連なっている。この棚田の畔にヒガンバナは多く自生している。棚田は上下の田の間に急傾斜ののり面があるので、そこにヒガンバナが密に自生していたら、自生面積の大小を示す記号の値が大きくなる。図14で「5」の記号が多いのは、そのた

めである。

　図14の中で、網を伏せた部分は『和泉国日根野村絵図』が「荒野」と表記する場所である。この網伏せ部分の中で、中央部から上位段丘の崖までの間には、ヒガンバナはそれほど自生していない。その理由は次の節で説明する。

　ヒガンバナの自生面積の大小を示す記号は、上記の場所を除く段丘上にほぼ均等に分布するが、上位段丘面と樫井川右岸の平坦地には自生地がない場所がいくつかある。樫井川右岸の平坦地にヒガンバナが自生しない場所があるのは、洪水によって球根が押し流されたからであろう。

第4節　ヒガンバナの自生地分布と開発過程との関わり

　ここでは、『和泉国日根野村絵図』域のヒガンバナの自生地分布と開発過程を対照する。両者の関わりを考えるについて、額田雅裕[(2)]が記述した次の2つの文章が、重要な鍵を提供してくれる。

　第一に、額田は『和泉国日根野村絵図』が表記する「荒野」について、次のように記述している。

> 荒野は荒廃した既耕地ではなく、文字どおりの未開の荒れ野と考えられ、その植生は灌木・草地ではなく、マツ類・照葉樹・落葉広葉樹の混合する雑木林・二次林と推定される（前掲(2)81頁）。

　ヒガンバナは林の中では生育しないので、『和泉国日根野村絵図』が描かれた頃にあった「荒野」には、ヒガンバナは自生していなかったであろう。『和泉国日根野村絵図』（図13）と額田が作成した地形分類図（図15）を対照すると、「荒野」は上位段丘Ⅰ面の南側半分と上位段丘Ⅱ面にまたがる場所に位置していたと考えられる（図14）。

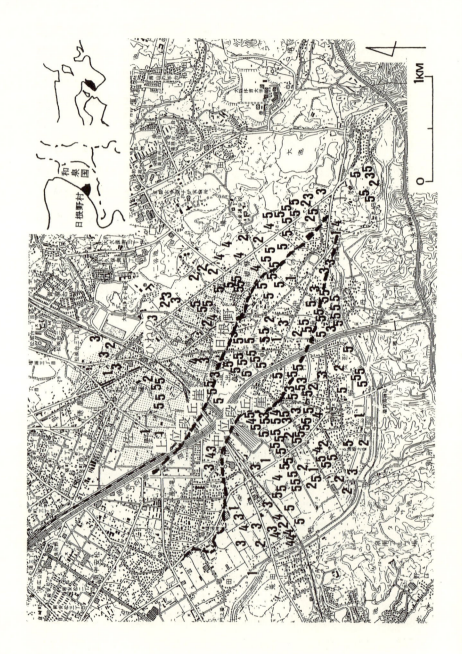

ヒガンバナの自生地点に次の面積ランクを記入した。
1. 自生面積の1辺が0.5mの正方形に収まる場所
2. 同 0.5〜1m
3. 同 1〜2m
4. 同 2〜3m
5. 同 3m以上

図中の北西部の市街地では計測していない。網伏せの部分は『和泉国日根野村絵図』が表記する「荒野」の領域である。
2本の鎖線は河岸段丘の崖線で、北東側が高く、南西側が低い。

図14 樫井川中流域右岸のヒガンバナの自生地分布

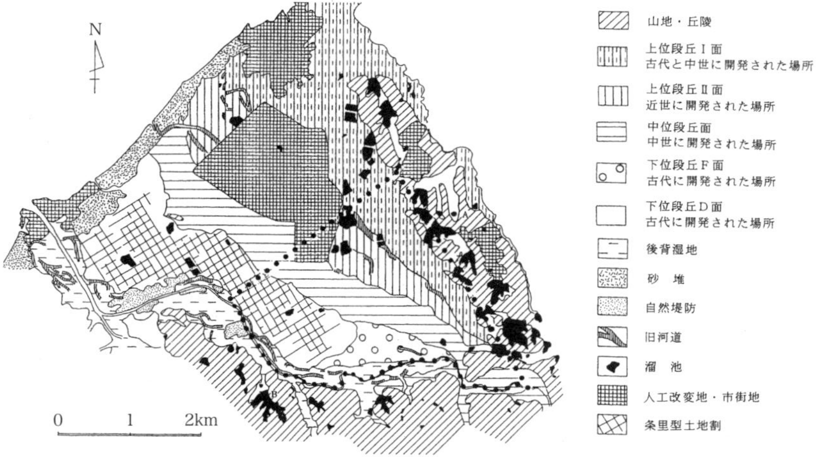

凡例:
- 山地・丘陵
- 上位段丘I面　古代と中世に開発された場所
- 上位段丘II面　近世に開発された場所
- 中位段丘面　中世に開発された場所
- 下位段丘F面　古代に開発された場所
- 下位段丘D面　古代に開発された場所
- 棚田・湿地
- 砂地
- 自然堤防
- 旧河道
- 溜池
- 人工改変地・市街地
- 条里型土地割

額田（1994）、49頁に加筆。
点線の内側がヒガンバナの自生面積を計測した領域である。
図15 ヒガンバナの自生面積を計測した領域の地形分類と開発時期

第二に、額田は日根野荘付近の開発過程について、次のように記述している。

　　古代に河川灌漑ができた上之郷・長滝荘地域の沖積低地および下位段丘が最初に開発され、条里型土地割が施行された。次に、上位段丘面上の皿池や湧水の周辺地域、および丘陵崖下の上位段丘Ⅰ面で灌漑が可能な範囲であった。中世前期には中位段丘上の長滝荘が開発され、中世後期に井川用水によって長距離灌漑ができるようになると、日根野荘の中位段丘面から上位段丘面の荒野まで次第に開発ができるようになった。最後に残った上位段丘Ⅱ面は、近世に俵屋新田として開発されるまで原野が広がっていた（前掲(2)73頁）。

　今回ヒガンバナの自生面積を計測した領域のうち、下位段丘面は古代に開発され、上位段丘Ⅰ面は古代から中世に開発され、中位段丘面は中世に開発され、上位段丘Ⅱ面は近世に開発されたと、額田は述べている。

　図14と図15を対照すると、ヒガンバナがそれほど自生していない場所の中で目立つのは、JR日根野駅から南へ500ｍほど行った所から日根野の集落までの間である。ここは上位段丘Ⅱ面に位置するので、中世までは雑木が生えていたであろう「荒野」を、1645（正保２）年から1755（宝暦５）年頃までに開発した俵屋新田に含まれる場所である。

　上位段丘Ⅱ面はヒガンバナが元来自生していなかった場所であるうえに、ヒガンバナはすでに近世には食料資源の役割を終えていて、植栽されることはなかったので、ここにはそれほど自生していないと解釈できる。『和泉国日根野村絵図』域では、遅くとも近世には、ヒガンバナは雑草扱いされるようになっていたのである。

第5節　まとめ

　この章では、1316(正和5)年6月17日の日付が記載されている『和泉国日根野村絵図』域でヒガンバナの自生面積を計測して、自生地分布図を作り、その図と『和泉国日根野村絵図』域の耕地の開発過程を対照して、ヒガンバナが食料資源から雑草になった時期を提示した。

　ヒガンバナは今回調査した領域のほぼ全域に自生している。しかし、中世までは『和泉国日根野村絵図』が「荒野」と表記し、近世初期から中頃にかけて耕地開発がおこなわれた上位段丘Ⅱ面には、ヒガンバナはそれほど自生していない。

　したがって、今回調査した『和泉国日根野村絵図』域では、ヒガンバナは近世には食料資源としての役割をすでに終えて、人里の雑草扱いされていたとの結論に至った。

〈註〉
(1) 小山靖憲「荘園村落の開発と景観　和泉国日根野村絵図」(小山靖憲・佐藤和彦編『絵図にみる荘園の世界』1987, 東京大学出版会, 182頁)。
(2) 額田雅裕「日根野荘の地形環境と絵図」(大阪府埋蔵文化財協会『日根荘総合調査報告書』1994, 39-82頁)。

話の小箱4

ヒガンバナ調査時の不思議な体験

　ヒガンバナとつきあっていると、不思議な体験をする時があります。その中から3つを記述します。
　私は1997年9月23日に沖縄島の西海岸をレンタカーを運転して、ヒガンバナを探しつつ北へ向かっていましたが、那覇空港から2時間以上走ったのに、ヒガンバナの自生地はありません。沖縄島にはヒガンバナはほとんどないことは予想していましたので、このまま沖縄島北端の岬まで行き、帰りは東海岸を南へ向かおうと思いつつ走っているうちに、名護市東部の真喜屋という標識がある交差点で赤信号になったので、直進の路線で信号待ちをしました。すると、右側から「おーい、おーい」と誰かが呼びかける声が聞こえてきたのです。青信号になった時に右折の路線には車が止まっていなかったので、右折したのですが、次第に道が狭くなってきました。200mほど走って「引き返そうか」と思った時、前方右側の斜面にヒガンバナが10輪ほど咲いていました。このヒガンバナさんたちが私を呼び寄せたらしいのです。不思議な体験の第一話です。
　私は2007年9月17日に自動車で中国浙江省杭州市の北西に位置する良渚遺跡博物館へ向かったのですが、到着時間が早くて、まだ開館していませんでした。運転手が「どうしますか？」と尋ねたので、「先へ行きましょう」と答えて、しばらく行くと道が二股に別れていました。この時も右側から私を呼ぶ声がしたので、右へ曲がって20分ほど進んだところで橋を渡ると、田の畔の各所にヒガンバナが咲き乱れていました。そこまではヒガンバナを全く見なかったのです。ここが余杭市安渓村です（写真12）。中国長江下流域で日本と同様、水田の畔に大量に開花している景色を私が見た場所は、この安渓村だけです。じつにみごとな光景で、ここで半日過ごしました。安渓村でもヒガンバナさんたちが私を呼び寄せてくれたのです。不思議な体験

の第二話です。

　2012年9月17日に中国広西壮族自治区の桂林近郊でヒガンバナ属の自生地調査をしました。山の頂上まで見事な棚田が造られている龍背村の景色を眺めた後、麓の平安村で1時間ほど自由時間があったので、ヒガンバナを探して村の周囲を歩きましたが、見あたりません。自由時間があと15分ほどになった時、高さ1mほどの土壁で遮られる場所に行き着いたので、土壁の向こう側を眺めると、雑草に覆われた耕作放棄地でした。そこで、土壁に背を向けて座って3分ほど休憩し、「さあ引き返そうか」と思って立ち上がった時、後から誰かが中国語で「請等一下（ちょっと待て）！」と呼び止めるのです。「誰だ？」と思って振り返ると、土壁の先10mほどの斜面に1輪のヒガンバナが見えました。そこで、土壁を乗り越えてよく見ると、10輪ほどのヒガンバナの群落がありました（写真14）。この村のヒガンバナさんたちも私に姿を見せたかったようです。不思議な体験の第三話です。

中国の平安村で私に話しかけてきたヒガンバナさん

第5章 豊橋におけるタンポポ・ヒガンバナ・セイタカアワダチソウの自生地分布および面積と土地利用との関わり

第1節 目的と方法

　この章では、愛知県豊橋市の市街地と周辺地区におけるタンポポ・ヒガンバナ・セイタカアワダチソウの自生地を、2006～2012年に愛知大学文学部地理学専攻の学生約70名の協力を得て現地調査で探索し、1辺1kmの正方形で区分けした146の調査区ごとに自生面積を計測したうえで、自生地分布および面積を土地利用との関わりで考察した結果を記述する（図16）。

　なお、表題に「豊橋」と表記したのは、調査をおこなった範囲が愛知県豊橋市の市街地のほか、その周辺の旧八名郡南部と旧渥美郡北東部を含み、かつ現在の豊橋市域の全域ではないからである（図17、図18）。

　帰化植物と総称される植物群がある。清水建美・近田文弘[1]によれば、帰化植物とは「1）人間の活動によって、2）外国から日本に持ち込まれ、3）日本で野生化した植物」（前掲(1)11頁）の総称である。

　この章で記述する草本のうち、在来タンポポ以外は帰化植物である。『自然界の密航者』[2]は、西洋タンポポを「欧州原産のこの植物は、明治時代に米国経由で日本にきた」（前掲(2)73頁）、ヒガンバナを「はるか昔の有史以前に（中略）中国から渡ってきた「史前帰化植物」」（同 10-12頁）、セイタカアワダチソウを「明治時代に園芸植物として（原産地の米国から）輸入されたのが、逃げ出して野生化したらしい」（同 169頁）と記述している。

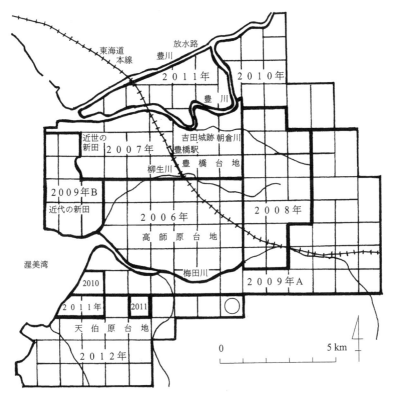

各調査区の1辺は1kmである。
図中の下から4段目右端の〇印は図20〜22に示す事例調査区である。

図16　調査をおこなった領域と調査年および調査区

　それでは、ヒガンバナが日本列島に持ち込まれた「史前」とは、どの時期か。ヒマラヤ山脈南麓から日本列島に至る照葉樹林帯で生まれた農耕文化を提唱する人々は、ドングリの渋抜きとヒガンバナの球根の毒抜きが「水さらし法」でおこなわれていたことから、ヒガンバナは縄文時代前期には日本列島に持ち込まれていたと解釈している。佐々木高明が『東・南アジア農耕論』[3]で提示した説（前掲(3) 475頁）は、その例である。

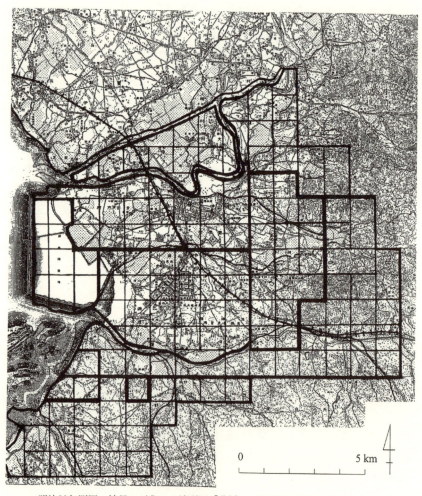

明治23年測図の縮尺5万分の1地形図「豊橋」に調査区を重ねて作成した。

図17　調査領域における1890年頃の土地利用

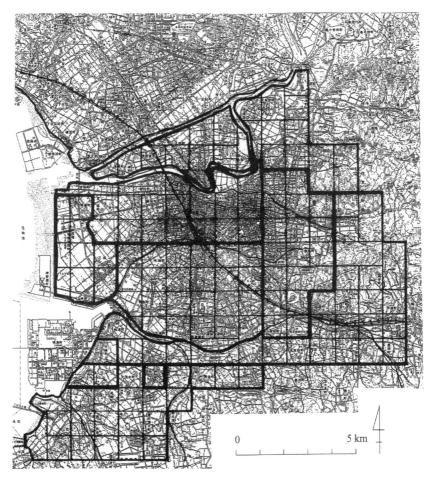

昭和46年編集、平成7年修正の縮尺5万分の1地形図「豊橋」に調査区を重ねて作成した。

図18　調査領域における1995年頃の土地利用

第5章　豊橋におけるタンポポ・ヒガンバナ・セイタカアワダチソウ　65

筆者は1989年9月22〜25日に愛知県の豊川流域でヒガンバナの自生面積調査をおこなった。そして、ヒガンバナは縄文晩期の遺跡がある集落にもっとも多く自生するので、ヒガンバナを中国から日本列島に持ち込んだのは、縄文晩期に水田稲作技術を携えて渡来してきた人々であるとの説を提示した（本書第2章）。

　中国には種子ができる種類とできない種類が自生するが、日本には種子ができない種類だけが自生する。ヒガンバナを持ち込んだ人々は、水田の畔に穴をあけて水を漏らすモグラ避け用に、球根（鱗茎）が有毒のヒガンバナを水田の畔に植え、イネが不作の年は球根に含まれるデンプンを毒抜きして食べるために、水田稲作農耕技術の構成要素のひとつとして、種子ができないので管理しやすい種類を持ち込んだというのが、筆者の説である。

　『雑草のはなし』[4]はタンポポ（前掲(4) 2-7頁、41-45頁）とヒガンバナ（同 118-125頁）とセイタカアワダチソウ（同 125-128頁）の項目を設定して、来歴と性格を記述し、『ちょっと知りたい雑草学』[5]は「籠城する？　ニホンのタンポポ」（前掲(5) 35-39頁）の項目で、他家受粉で種を維持するために集団で自生する性格を持つ在来タンポポが、彦根城と姫路城に自生することを記述している。これは在来タンポポが環境保全の程度を知る指標になることを証明する情報である。

　次に、タンポポ・ヒガンバナ・セイタカアワダチソウの自生地分布を明らかにした文献を列挙する。

　小川潔[6]は在来タンポポと西洋タンポポが自生する場所の土地利用を各地で調査し、年中無融合生殖する西洋タンポポが、春に他家受粉する在来タンポポを駆逐して自生地を広げているのではなく、旧来の環境が維持されている場所では、在来タンポポが一定の面積に密生していること（前掲(6) 106頁）を明らかにした。

小川の調査結果は、この章の結論と一致する。

　渡邊幹男ほか[7]は大阪府の千北ニュータウン泉ケ丘地区で在来タンポポ生育域への雑種性帰化タンポポの侵入状況を計測し、「周辺部で採集した見かけの帰化タンポポは、すべて雑種性であった。（中略）相対的に中心部には帰化タンポポ、周辺部にはニホンタンポポが多いという結果が得られた」（前掲(7)75頁）と記述している。

　芹沢俊介[8]は1983〜85年に愛知県平坦部におけるタンポポ自生地点数の調査をおこない、1辺750mと930mの調査区ごとにニホンタンポポ（在来タンポポ）と帰化タンポポ（西洋タンポポ）の自生地点数比を百分率で算出した値を分布図に表示し、全体的に見ると市街地には帰化タンポポが多く見られ、郊外にニホンタンポポが多く見られる傾向があるものの、豊橋市南部では畑が卓越する郊外でも帰化タンポポの比率が高いことを明らかにしている。豊橋については、芹沢によるほぼ30年前の調査結果と筆者の調査結果を対照して、第3節で記述する。

　松江幸雄は、長年のヒガンバナ自生地研究の成果を、『日本のヒガンバナ』[9]で解りやすく説いている。辻稜三[10]は四国山地の4集落で、近藤日出男[11]は高知県大豊町(おおとよ)で、坂本正夫[12]は四国山地の8集落でおこなった聞きとりにもとづいて、ヒガンバナの毒抜きと調理の手順を記述している。

　大悟法滋・坂東知範[13]は、新潟県上越市域でセイタカアワダチソウの分布を計測し、「上越市内の各地でセイタカアワダチソウは生育している。（中略）山間部や郊外の水田地帯においても、排土の集積地や農地の周囲などに生育がみられ、今後も生育地の拡大が見込まれる」（前掲(13)852-853頁）との結論を記述している。大悟法らの調査結果は、この章の結論と一致する。

表6　豊橋におけるタンポポ・ヒガンバナ・セイタカアワダチソウの自生面積

年と主な土地利用	調査区数	タンポポ（㎡）				ヒガンバナ（㎡）	セイタカアワダチソウ（㎡）
		在来	交配	西洋	合計		
2006（市街地）	25	3914.25	2087.25	9556.00	15557.50	2170.00	34618.50
2007（市街地）	19	5179.00	47.50	8433.10	13569.60	1005.00	42256.50
2008（市街地）	17	9373.25	80.75	17480.25	26934.25	4963.25	23952.15
2009A（田畑）	27	1436.75	255.50	9791.00	11401.25	4126.25	42877.75
2009B（田）	10	0.50	0.00	752.25	752.75	20.00	11794.25
2010（田畑）	11	4845.25	470.75	4625.75	9941.75	5240.50	28987.00
2010（南部畑）	1	7.25	0.00	3509.25	3516.50	253.75	2397.50
2011（田）	11	3297.50	5.75	3522.25	6825.50	1134.75	19374.25
2011（南部畑）	3	234.25	0.00	1426.25	1660.50	319.25	6301.00
2012（畑）	22	1026.25	7.00	30719.50	31752.75	2928.85	66826.75
合　　計	146	29314.25	2954.50	89815.60	122084.35	22161.60	279385.65

　以上の研究成果を踏まえて、愛知県豊橋でタンポポ・ヒガンバナ・セイタカアワダチソウの自生地分布と自生面積を計測した結果を記述する。なお、計測をおこなった各草本の全146調査区の自生面積合計値を表6に、自生面積比を表7に表示した。適宜参照されたい。

表7 豊橋におけるタンポポ・ヒガンバナ・セイタカアワダチソウの自生面積比

年と主な土地利用	調査区数	タンポポ (%)				ヒガンバナ (%)	セイタカアワダチソウ (%)	合計 (%)	総面積 (㎡)
		在来	交配	西洋	合計				
2006 (市街地)	25	25 7	13 4	61 18	100 29	4	66	100	52346.00
2007 (市街地)	19	38 9	0 0	62 15	100 24	2	74	100	56921.10
2008 (市街地)	17	35 17	0 0	65 31	100 48	9	43	100	55849.65
2009A (田畑)	27	13 2	2	85 17	100 19	7	74	100	58487.25
2009B (田)	10	0 0	0 0	100 6	100 6	0	94	100	12567.00
2010 (田畑)	11	49 11	5 1	46 10	100 22	12	66	100	44169.25
2010 (南部畑)	1	0 0	0 0	100 57	100 57	4	39	100	6167.75
2011 (田)	11	48 12	0 0	52 13	100 25	4	71	100	27334.50
2011 (南部畑)	3	14 3	0 0	86 17	100 20	4	76	100	8280.75
2012 (畑)	22	3 1	0 0	97 30	100 31	3	66	100	101508.35
合計	146	7	1	21	29	5	66	100	423631.60

第2節　自生面積の計測手順と調査結果の検討

(a) 自生面積の計測手順

タンポポとヒガンバナとセイタカアワダチソウの自生面積を計測する手順を、箇条書きで記述する。

(1) 調査者1人に1辺1kmの正方形の調査区を割りあてる。

(2) タンポポは4月中旬、ヒガンバナは9月下旬、セイタカアワダチソウは11月上旬頃に調査区で計測をおこなう。計測作業は昼間に1日で済ます。

(3) 縮尺1万分の1地図を2倍に拡大した図と、3mまで測れ

る巻き尺を持って現地調査をおこない、帰宅後に調査結果を1万分の1地図に転写する。

(4) 在来タンポポと西洋タンポポの判別は、ひとつの花に見える花群（頭状花序）を包む2層の萼(がく)（苞片）のうち、開花時に外側の萼（外総苞片）が上を向いているものを在来タンポポ、下を向いているものを西洋タンポポ、判別が困難な場合は交配タンポポとした（図19）。

(5) 自生地があれば、地図上の該当地点に自生面積を面積ランクで記入する（図20-22）。

面積ランクは次のとおり。

　　ランク1　0〜0.25㎡（1辺0.5m未満の正方形）0は1株生えている程度の場合である。

　　ランク2　0.25〜1㎡（1辺0.5m〜1mの正方形）

　　ランク3　1〜6.25㎡（1辺1〜2.5mの正方形）

　　ランク4　6.25〜25㎡（1辺2.5〜5mの正方形）

　　ランク5　25〜100㎡（1辺5〜10mの正方形）100㎡以上自生する場所では、その面積分だけいずれかのランクの数値を記入する。

(6) 帯状または線状に自生している場所では、調査者から左右それぞれ25m（合計50m）の範囲を1か所に集めた面積を想定して、調査者がいる場所に面積ランクを記載する。

(7) 在来タンポポはランクの数字を〇で囲い、交配タンポポは□で囲い、西洋タンポポはランクの数字のみを地図中の該当地点に記入する。シロバナタンポポはランクの数字を〇で囲った横に片仮名のシを記入する。

(8) シロバナヒガンバナはランクの数字の横に片仮名のシを記入する。

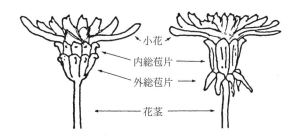

図19　在来タンポポと西洋タンポポ

(2012年4月12日調査)

図20　事例調査区におけるタンポポの自生地と自生面積ランク

図21　事例調査区おけるヒガンバナの自生地と自生面積ランク

(9) 帰宅後に自生面積を計算して、表に記入する。自生地の見落し分を考慮して、自生面積は各ランクの最大値とし、その数値と調査区内の自生地点の積を算出する。
(10) 各ランクの自生面積を合計する。例を表8に示す。
(11) 大学の研究室に置いてある縮尺1万分の1地図に調査区の自生面積ランクを、自生面積表に調査区の自生面積の合計値を、それぞれ記入する。

(b) 調査結果の検討

調査者は調査結果の妥当性の是非を、調査区の土地利用を尺度にして検討する。ここでは、図16の下4段目右端に〇印を記入し

(2012年11月2日調査)
図22 事例調査区におけるセイタカアワダチソウの自生地と自生面積ランク

た調査区を例にして、検討内容を記述する。

　この調査区におけるタンポポとヒガンバナとセイタカアワダチソウの自生地および自生面積ランクを図20〜22に示した。

　この調査区は天伯原と呼ばれる洪積台地上に立地し、第二次世界大戦終了時までは陸軍の演習地であった。第二次世界大戦後は畑地開拓事業がおこなわれて畑作地になったが、30年ほど前に地区内の南部に大学が設置されて、それに関わる諸施設も立地している。

　したがって、この調査区は20世紀前半までは人間が植生へそれほど介入しなかった場所である。図23は、この調査区における19

表8　事例調査区における2012年のヒガンバナの自生面積

ランク	ランクの面積 (㎡)	自生地点数	面　積 (㎡)
1	0.25	1	0.25
2	1	3	3
3	6.25	1	6.25（シロバナ）
4	25	3	75
5	100	0	0
合　計		8	84.5

世紀末と現在の土地利用がわかる図である。明治23（1890）年測図の地形図によれば、地目の大半が矮松林(わいまつ)だったので、周辺の農家が松葉を掻きとる程度の使われかたをする土地であった。

　現在は、調査区内の大半が20世紀中頃の畑地開発と1970年代以降の大学敷地への転用によって、南端の台地斜面を除けば、松林はほぼ消滅している。したがって、20世紀後半以降は人間による植生への介入が大きかったことが、土地利用の変化で読みとれる。

　タンポポは、右端中央のシロバナタンポポの自生地以外は全てが西洋タンポポであり、調査区全域にかなりの面積自生している（図20）。とりわけほぼ南北方向に通る主要道路沿いに群生している。また、セイタカアワダチソウも地目改変後に裸地の状態で放置されている場所に、かなりの面積群生している（図22）。他方、ヒガンバナの群生地はほとんどない（図21）。

　したがって、この調査区では、近年の地目改変によってできた裸地に、西洋タンポポとセイタカアワダチソウがかなりの面積で自生していることが明らかになったので、調査結果は妥当である。

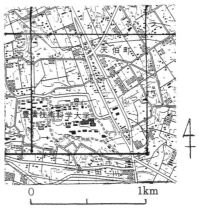

明治23(1890)年測図 縮尺5万分の1地形図「豊橋町」を2倍に拡大した。

昭和44(1969)年改測 平成5(1993)年修正測量縮尺2万5千分の1地形図「二川」

図23 事例調査区における約100年間の土地利用変化

第3節 3種類の草本の自生地分布と自生面積

(a) 3種類の草本の自生面積比

全146調査区における3種類の草本の自生面積比を表7に示した。表7最下欄の合計を見ると、総自生面積中の構成比は、タンポポが29％（うち在来7％、交配1％、西洋21％）、ヒガンバナが5％、セイタカアワダチソウが66％を占める。自生面積比を見る限り、在来タンポポとヒガンバナは豊橋で慎ましく自生している印象を受ける。

(b) タンポポ

(b-1) 在来タンポポ（図24）

在来タンポポは、調査域北東部の農村に多く自生する。また、朝倉川（図24のA）の土手と吉田城城郭内（図24のB）と高師緑地（図24のC）に多く自生する。これらの自生地は、いずれも遅くとも近世以来の生育環境が保たれている場所である。

× 自生地がない調査区
▲ 自生面積10m²未満の調査区
▲ 自生面積10m²以上、100m²未満の調査区
▲ 自生面積100m²以上、1000m²未満の調査区
▲ 自生面積1000m²以上の調査区

A 朝倉川　B 吉田城　C 高師緑地　D 青竹町　E 豊川放水路

図24　調査領域における在来タンポポの自生地分布と自生面積規模

　また、近世の干拓地である青竹町（図24のD）の水路の土手と、豊川放水路（図24のE）の堤防斜面に多く自生する。青竹町では1770（明和7）年に干拓事業で成立した青竹新田の水路の斜面に、1965年に完成した豊川放水路では堤防の堤内側斜面に、いず

76

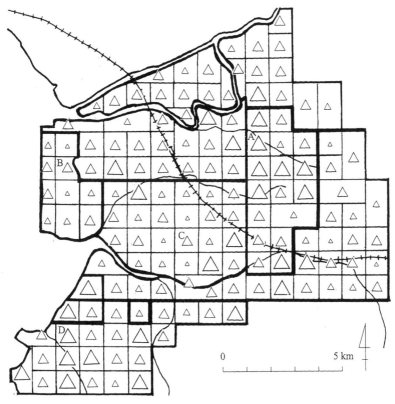

△ 自生面積10m²未満の調査区
△ 自生面積10m²以上、100m²未満の調査区
△ 自生面積100m²以上、1000m²未満の調査区
△ 自生面積1000m²以上の調査区

A 朝倉川　　B 近代の干拓地　　C 高師緑地　　D 国道259号線

図25　調査領域における西洋タンポポの自生地分布と自生面積規模

れも帯状に群生している。これは在来タンポポ自生地の土を使って堤を作ったからであると考えられる。ちなみに、豊川放水路堤外側（河川側）の斜面には在来タンポポは自生していない。

　在来タンポポは、近代以降の干拓地および埋立地と、近年土地改変がおこなわれた市街地周辺地区と、第二次世界大戦後に開拓

された高師原と天伯原には自生していないか、自生地の面積は小さい。在来タンポポの自生が確認されなかった調査区は27あり、全146調査区中の18％を占める。

　調査域におけるシロバナタンポポの自生面積比は、在来タンポポ自生面積中の1％ほどであり、線状に点在する場合が多い。筆者が見た最大面積の自生地は、天伯原台地に立地する神社横の日当りがよい農道沿いにあり、3㎡ほど群生していた。

　(b-2)　西洋タンポポ（図25）

　西洋タンポポは、146調査地区の全てに自生する。とりわけ市街地周辺部の土地改変が著しい場所に多く自生することが読みとれる。近代の干拓地（図25のB）にはある程度の面積自生し、市街地にも一定面積自生している。西洋タンポポは、道沿いに線状、または土手の斜面に帯状に自生する場合が多い。

　西洋タンポポは、在来タンポポが多く自生する北東部の農村と朝倉川（図25のA）の土手にも、在来タンポポとほぼ同じ面積で自生している。他方、在来タンポポが密に自生する高師緑地（図25のC）は、西洋タンポポの自生面積は小さい。

　南部の第二次世界大戦後に開拓された土地と、渥美半島に向かう国道259号線（図25のD）沿いに西洋タンポポが多く自生するのは、開拓による裸地面積の増加と、西洋タンポポの種子の生産量の大きさと、自動車による種子散布が重なったからであると考えられる。

　(b-3)　芹沢の調査結果との比較（図26）

　芹沢俊介が作成した豊橋におけるニホンタンポポ（在来タンポポ）と帰化タンポポ（西洋タンポポ）の自生地点数比図と、ほぼ30年後に筆者が計測した在来タンポポと西洋タンポポの自生面積比図とを、図26に併置した。

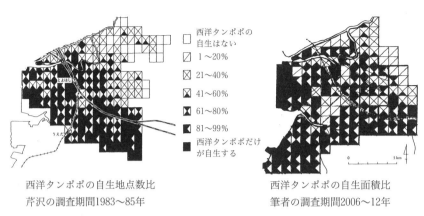

図26 調査領域における西洋タンポポ自生地比率の分布

芹沢の図は地点数比、筆者の図は面積の構成比であり、また筆者が設定した1調査区面積は芹沢の約1.4倍あるので、直接対比することはできないが、大きく見ると両者の比率分布はほぼ一致する。したがって、豊橋では在来タンポポ（ニホンタンポポ）と西洋タンポポ（帰化タンポポ）の自生地の分布状況は変わっていないと言えよう。

なお、筆者の図の中央部に西洋タンポポの面積比が小さい調査区があるのは、西洋タンポポの自生地点数は多いものの、ここには大学などの文教施設や大面積の緑地があって旧来の土地利用が維持されて、在来タンポポが群生しているために、このような分布になると解釈される。

(c) ヒガンバナ（図27）

ヒガンバナの自生面積はタンポポの約6分の1、セイタカアワダチソウの約13分の1で、自生面積比は小さい（表7）。ヒガンバナは種子繁殖せず、自生地がほとんど広がらないからであろう。

ヒガンバナは水田に囲まれる農村および市街地と農村との境界

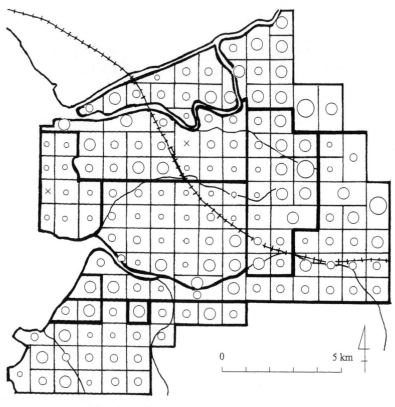

× 自生地がない調査区
○ 自生面積10m²未満の調査区
○ 自生面積10m²以上、100m²未満の調査区
○ 自生面積100m²以上、1000m²未満の調査区
○ 自生面積1000m²以上の調査区

図27 調査領域におけるヒガンバナの自生地分布と自生面積規模

図28 調査領域におけるセイタカアワダチソウの自生地分布と自生面積規模

領域に多く自生する。後者はかつて農村だった場所である。ヒガンバナが市街地内にも小面積自生するのは、自生地で球根の分球による繁殖を続けてきたからであると考えられる。

(d) セイタカアワダチソウ（図28）

セイタカアワダチソウは調査地区全域に自生しており、市街地と農村との境界領域の自生面積がもっとも大きい。これは土地改変直後の裸地に自生するからであろう。海岸付近では、裸地と用排水路の斜面に面状または帯状に自生する。市街地内では、道沿いの裸地に線状に自生する。まったく自生しない1地区は、谷のもっとも奥に位置する農村である。

このような自生状況は、大悟法滋らが新潟県上越市でおこなった自生地と自生密度調査の結果と一致する（前掲(13) 849-851頁）。

(e) 各草本の自生面積規模分布

在来タンポポと西洋タンポポとヒガンバナとセイタカアワダチソウが自生する調査区における各草本の自生面積規模を図29に示す。各調査区の自生面積規模がかなり異なるので、縦軸は常用対数目盛で表示した。1点が1調査区で、数値がほぼ重なる場合は、点をその数だけ横に並べてある。

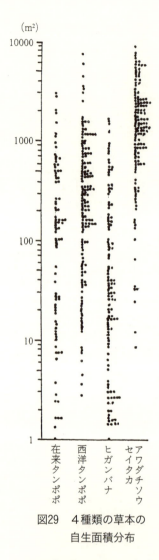

図29　4種類の草本の自生面積分布

草本ごとに見ると、いずれも調査区の自生面積にかなりの差があることがわかる。

在来タンポポとヒガンバナは似た自生面積分布を示すが、在来タンポポ自生地の面積規模はヒガンバナより大きい。

西洋タンポポとセイタカアワダチソウは似た自生面積分布を示すが、セイタカアワダチソウが密に自生する調査地数は西洋タンポポより多い。

総じて、豊橋ではセイタカアワダチソウ、西洋タンポポ、在来タンポポ、ヒガンバナの面積順で自生していることが読みとれる。

(f) 各草本の密生自生地の重なり具合

図30は各草本の自生面積が1000㎡以上の密生調査区を拾った図である。

セイタカアワダチソウの密生地は豊橋市街地をとり囲んで立地し、西洋タンポポはセイタカアワダチソウの密生地のうち、もっとも市街地に近い密生地と重なって立地する。

在来タンポポの密生地は、市街地の北東縁にほぼ隣り合って立地し、ヒガンバナはその外側の農村に３か所密生地がある。在来タンポポとヒガンバナの密生地はセイタカアワダチソウの密生地でもあり、市街地の北東縁および農村へも、土地改変がなされた場所にはセイタカアワダチソウが侵入しつつあることが読みとれる。

第４節　３種類の草本の自生地と土地利用との関わり

(a) タンポポ

(a-1) 在来タンポポ

在来タンポポは、成立期が遅くとも近世初頭には遡れる北東部

▲ 在来タンポポと西洋タンポポ
▲ 在来タンポポと西洋タンポポとセイタカアワダチソウ
▲ 在来タンポポとセイタカアワダチソウ
▲ 在来タンポポと西洋タンポポとヒガンバナとセイタカアワダチソウ
△ 西洋タンポポ
△ 西洋タンポポとセイタカアワダチソウ
△ 西洋タンポポとヒガンバナとセイタカアワダチソウ
○ ヒガンバナとセイタカアワダチソウ
□ セイタカアワダチソウ

図30　4種類の草本の自生面積が1000㎡以上の調査区

の農村と、近世初頭に築造された吉田城跡と、近代には軍用地であった文教施設および大面積の緑地と、河川の土手の斜面にかたまって自生する。いずれも適度な草刈りなど、人間による植生への軽度の介入が続いたことが、在来タンポポが一定の面積を保ちつつ、種を維持してきた要因であろう。

調査域ではシロバナタンポポが交通量の多い道沿いに線状に点在する所がいくつかあった。自動車がシロバナタンポポの種子を散布したと考えられる。

(a-2) 西洋タンポポ

西洋タンポポは、近年の土地改変によってできた裸地に密集して自生するか、道沿いまたは土手の斜面に帯状か線状に自生する。西洋タンポポは1年中開花して大量の種子を散布するので、自生地はここ半世紀ほどの間に急速に広がったと考えられる。

豊橋北東部の農村には柿園が点在し、在来タンポポか西洋タンポポのいずれかが卓越自生する場合が多い。在来タンポポが卓越自生する柿園では適度な草刈りがおこなわれてきたのに対し、西洋タンポポが卓越自生する柿園は裸地に柿を植えたか徹底した草刈りをおこなってきたからであろうと解釈される。

(b) ヒガンバナ

ヒガンバナは、遅くとも中世には成立していた農村の水田の畔に帯状に自生し、畑と松林が卓越していた台地上にはほとんど自生していない。また、ヒガンバナの自生地とキク科のタンポポおよびセイタカアワダチソウの自生地が混在することはほとんどなく、隣接して自生する。これは、ヒガンバナに含まれるリコリンなどのアルカロイドがキク科植物に他感作用（アレロパシー）[14]を及ぼすからであろう（前掲[14] 148-152頁）。

日本のヒガンバナは球根の増殖で種を維持するために、自生面

積の増減はほとんどないので、市街地以外では遅くとも中世と現在の自生地分布は変わっていないと考えられる。

　ヒガンバナは豊橋南部の台地（天伯原）にはほとんど自生していない。天伯原は第二次世界大戦後に畑地開発された開拓地であり、水田の畔や屋敷地まわりに植栽された後、球根で種を維持していくヒガンバナが自生する契機はまったくなかった。

　ヒガンバナは不吉な花だと思っている人が多いので、図17と図18の100年ほどの間に市街地化した場所に自生するヒガンバナは、市街地化以前に自生していたものの子孫であると考えられる。

　ちなみに、調査域内におけるシロバナヒガンバナの自生地は、図21左上の1か所だけである。ここは住宅地に隣接していることと、シロバナヒガンバナは園芸種であることから、植栽地が拡大した事例であろう。

（c）セイタカアワダチソウ

　セイタカアワダチソウは、僅かな裸地でも塊状・帯状・線状に自生する。セイタカアワダチソウは種子の生産量が大きいので、3種類の帰化植物の中では自生面積がもっとも大きく、かつ土地利用の種類を問わず自生しているので、自生地は急速に広がっていると考えられる。とりわけ、人間活動による土地改変で裸地になった場所では、他の植物との競合がほとんどないので、多く自生している。

第5節　おわりに

　在来タンポポとヒガンバナは、従前からの生育地で慎ましく自生している。近年になって、都市的土地利用への転換や農地の圃場整備など、人間活動による土地改変によって、春季に他家受精による種子繁殖で種を維持する在来タンポポの自生地は減り、自

生面積は小さくなったと考えられるが、球根（鱗茎）の分球で種を維持するヒガンバナの自生地の分布と面積は、以前とそれほど変わっていないであろう。

　他方、日本列島に持ち込まれて1世紀半ほどの間、とりわけこ半世紀の間に、急速に自生地を広げてきた西洋タンポポとセイタカアワダチソウは、豊橋市街地およびその周辺でも自生地を広げ、人間が作った裸地で、土地の形状に適応して線状・帯状・塊状に密生している。

　西洋タンポポは1年中開花・無融合生殖・結実して、種子を散布するので、自生地は急速に拡散する。その事例を、次にひとつ記述する。

　筆者は、2012年4月29日に愛知県田原市にある蔵王山の観光自動車道路（約5km）を下りながら、タンポポの自生状況を観察した。その結果、西洋タンポポは山頂から山麓に至る道沿い全域に自生し、在来タンポポは三合目から下に自生地が見られ、シロバナタンポポは一合目と登山口の間だけに自生していた。1963年3月に完成したこの自動車道路を3種類のタンポポが一斉に登り始め、繁殖力の差が現在の自生地分布の違いを生んだと、筆者は解釈する。西洋タンポポの繁殖力の大きさに驚かされる。

　種子繁殖しないがゆえに、筆者の説では、日本列島へ持ち込まれてから約2500年間、慎ましく自生してきたヒガンバナと比べると、西洋タンポポとセイタカアワダチソウの自生地の拡大は著しい。

　ちなみに、今回調査した領域におけるタンポポ・ヒガンバナ・セイタカアワダチソウの総自生面積は42万3632㎡（約42ha）で、1か所に集めると1辺が約650mの正方形になる。これは日本の農家42戸分、およそ1集落の耕地面積に該当する広さになるが、

調査地の総面積約1億5200万㎡中では僅か0.3％であり、かつその大半が帰化植物の西洋タンポポとセイタカアワダチソウである。

　この値を見て、ここ1世紀の間に持ち込まれた帰化植物が、豊橋にもかなり侵入していると解釈するか、豊橋は新来帰化植物の侵入度が未だ小さいと解釈するかは、読者諸兄の判断に委ねたい。

〈註〉
(1) 清水建美・近田文弘「帰化植物とは」（清水建美編『日本の帰化植物』2003, 平凡社, 11-39頁)。
(2) 石弘之・柏原精一『自然界の密航者』1986, 朝日新聞社, 226頁。
(3) 佐々木高明『東・南アジア農耕論――焼畑と稲作』1989, 弘文堂, 517頁。
(4) 田中修『雑草のはなし』2007, 中央公論新社（中公新書1890), 182頁。
(5) 沖陽子ほか編『ちょっと知りたい雑草学』2011, 日本雑草学会, 150頁。
(6) 小川潔『日本のタンポポとセイヨウタンポポ』2001, どうぶつ社, 130頁。
(7) 渡邊幹男ほか「雑種性帰化タンポポの在来タンポポ生育域への侵入」1997, 植物分類, 地理48-1, 73-78頁。
(8) 芹沢俊介「愛知県におけるニホンタンポポと帰化タンポポの分布」1986, 愛知教育大学研究報告35（自然科学編), 139-148頁。
(9) 松江幸雄『日本のひがんばな』1990, 文化出版局販売部, 84頁。
(10) 辻稜三「四国山地におけるヒガンバナのアク抜き技術」1988, 古代文化40-11, 32-36頁。
(11) 近藤日出男『四国・食べ物民俗学』1999, アトラス出版, 42-45頁。
(12) 坂本正夫「四国山地におけるヒガンバナの食習」1999, 民具マンスリー32-3, 14-20頁。
(13) 大悟法滋・坂東知範「上越市におけるセイタカアワダチソウの分布」1998, 上越教育大学研究紀要17-2, 845-854頁。
(14) 藤井義晴『アレロパシー――他感物質の作用と利用』2000, 農山漁村文化協会, 230頁。

話の小箱5

佐々木高明先生のつぶやき

　京都大学の渡部忠世先生が代表をされていた「農耕文化研究振興会」が、1年に1度刊行していた「農耕の技術」という表題の学術雑誌がありました。これに掲載された論文は、詳細な現地調査にもとづく、説得性が高いものばかりで、私は刊行されるたびに強い刺激を受けていました。掲載された論文には、その道の先達による手厳しいコメント文が掲載されていて、記述内容に関わる議論を深めていたことも、この雑誌の特徴でした。

　歳をとったので、なぜそうなったかは、忘れてしまいましたが、私はこの学術雑誌の13号（1990年）に、この本の第2章で記述した、愛知県豊川流域314村ごとにヒガンバナの自生地と自生面積を調査した結果と、それにもとづいて「ヒガンバナは縄文晩期に中国の長江下流域から東シナ海を渡って日本列島に渡ってきた人々が持ち込んだ」との説を提示する論文を掲載させてもらいました。

　論文には記載内容に関するコメント文がつきます。そのコメンテータが、当時国立民族学博物館におられた佐々木高明先生でした。

　佐々木先生は、私が立命館大学の学部学生だった時に、演習科目で鍛えていただいた恩師です。ハードなフィールドワーカーだった佐々木先生は、手厳しい指導で学生の間に知られていました。「出かけて行って、自分の目で見て来い」「その解釈の是非を現地で確かめろ」と言った具合です。

　それが「農耕の技術」13号で再現されたのです。「豊川流域で調べただけで提示した説には賛成できない。今後のより一層の精進を期待する」との文章で締めくくられたコメント文でした。「他の場所でも現地調査をおこなって、読者を納得させるだけの量の資料を集めてから、自分の説の是非を判断せよ」と

の問いかけです。このコメント文は、私が環東シナ海地域のヒガンバナ自生地調査をおこなうきっかけになりました。

それから約15年後、私の仕事場の愛知大学にある研究所の企画で、佐々木先生に講演をしていただくことになり、教え子の私が豊橋駅へ出向いて佐々木先生を迎える役目を引き受けました。

JR豊橋駅から愛知大学へは豊橋鉄道渥美線に乗ります。その途中で、佐々木先生が私に、つぶやくような口調でポツリと申されました。「有薗君、ヒガンバナの渡来期は、君の言うことのほうが正しいなあ。」

じつに嬉しい一言でした。私の説をフィールドワーカーの恩師に認めてもらったのです。「ありがとうございます」で話は終わりましたが、70年に近い私の生涯の中で、もっとも嬉しかった思い出のひとつです。限りなく道楽に近いヒガンバナとのつきあいですが、地道におこなってきてよかったと、今も思います。

沖縄島　摩文仁の「平和の礎(いしじ)」に植栽されているヒガンバナ（2004年9月17日）

終章　ヒガンバナとのつきあい方

　ヒガンバナは気の毒な植物である。日本列島へ持ち込まれた頃のヒガンバナは食料になる半栽培植物で、人々はおそらく春の食料の端境期頃に球根を掘り出して、水さらし法でリコリンなどの有毒物質をとり除き、デンプンを食べていた。その後、食料事情がよくなって、人間がヒガンバナを管理しなくなると、球根で種(しゅ)を維持するがゆえに、半栽培されていた人里に自生する雑草になった。そして、ヒガンバナは有毒植物であることだけが子孫に語り継がれていった。さらに、ヒガンバナの不思議な生活暦と、仏教の宇宙観を人々が短絡的に受容したことが加わって、遅くとも近世初頭までには、触ってはならない不吉な花にされてしまい、現在に至っている。

　初めから花として日本列島へ渡来していたら、日本人のヒガンバナに対する印象は異なっていたと思われるが、一時期は食料であったがゆえに、嫌われる花になってしまった。植物分類学上では近縁のスイセンが、同じように球根に毒を持つにもかかわらず、初めから花として持ち込まれたために、人々から好まれていることと比べると、ヒガンバナは気の毒な植物であると言うよりほかない。

　それでも死ぬつもりで球根を口にしない限り、ヒガンバナはわれわれに何の害も及ぼさない。今の日本人にとって、ヒガンバナはあってもなくてもよい「ただの雑草」である。「ただの雑草」ならば、われわれの祖先がそうしてきたように、そっとしておけばよいではないか。

　じつはヒガンバナはわれわれ日本人にいくつかの恩恵を与え続

けてきた。第一に、9月下旬に開花して秋の訪れを知らせてくれる。第二に、さまざまな民間医療の素材に使われてきた。第三に、水田の畔にヒガンバナを植えておけば、その毒が土に穴を開けて水を漏らすモグラなどから守ってくれる。第四に、最近わかってきたことであるが、水田の畔に生える雑草の生育を抑えてくれる。

　昔の人々は、因果関係はわからなくても、ヒガンバナがあることによる利点を感じていたがゆえに、球根を取り除くことはしなかった。そして、誰も意図しておこなったわけではないが、初秋に水田の畔や屋敷地まわりの草刈をすることによって、秋から春先にかけて地表面に張り付くように葉を伸ばして光合成するヒガンバナが太陽光を受けやすい環境を、毎年作ってきたのである。その意味では、ヒガンバナは今でも人間の保護下で種を維持している植物である。ヒガンバナと日本人は助け合う共生関係をずっと保ってきたのである。

　ヒガンバナがわれわれに与えてくれる恩恵は、われわれが気付かないだけで、まだあるかも知れない。そのうちにそれがわかるためには、我々の祖先がそうしてきたように、ヒガンバナをこれからもそっとしておいてやるのが何よりの方法である。お互い干渉せずに眺めあっていくことが、ヒガンバナとのつきあい方としては好ましいと、筆者は思っている。

ヒガンバナのことをもっと知りたい読者へ薦めたい本

栗田子郎『ヒガンバナの博物誌』1998，研成社。
講談社総合編纂局編『彼岸花とネリネ』週刊花百科フルール24号 1995，講談社。
前川文夫「ヒガンバナの執念」（『日本人と植物』所収）1973，岩波書店。
松江幸雄『日本のひがんばな』1990，文化出版局。

初出一覧

序章・第1章・第2章・第3章・終章
　「豊川流域におけるヒガンバナの自生面積と集落成立期との関わり」農耕の技術13, 1990, 1-28頁。
　「豊川流域のヒガンバナ自生地に関する補説」農耕の技術14, 1991, 54-71頁。
　『ヒガンバナが日本に来た道』1998，海青社。
　『ヒガンバナの履歴書』2001，あるむ。
第4章
　「『和泉国日根野村絵図』域のヒガンバナの自生地分布について」（『地形環境と歴史景観――自然と人間の地理学』所収, 2004，古今書院，165-170頁）。
第5章
　「豊橋におけるタンポポ・ヒガンバナ・セイタカアワダチソウの自生地分布および密度と土地利用との関わり」2014，愛知大学綜合郷土研究所紀要59, 1-17頁。

あとがき

　30年近くヒガンバナを相手におこなってきた諸作業は、私には楽しくて気が休まる「道楽」でした。この本はヒガンバナに関わる諸作業の内容を記述した「まとめ文」です。私の「道楽」話におつきあいいただき、ありがとうございました。これからも人里で暮らすヒガナバナたちと語り合っていきたいと思います。

　凡夫の私がヒガンバナを相手にする「道楽」の道を見出し、30年近く歩めたのは、立命館大学の学生だった頃の恩師である谷岡武雄先生と佐々木高明先生、それに勤務先である愛知大学の構成員諸兄のご指導を得られたからです。また、この本の刊行をひきうけていただいた「あるむ」の各位にお礼申し上げます。

　この本の編修作業を終えた今、「わが道を行く」私を40年余り支えてくれた妻・雅子に、感謝の意を表して、筆をおくことにします。

2017年　立春

さくいん

〔ア行〕

愛知県遺跡分布図　28
秋の彼岸　1
アレロパシー（他感作用）　9, 85
和泉国日根野村絵図
　　　　　51, 52, 54, 55, 59
小川潔　66

〔カ行〕

花壇地錦抄（かだんじきんしょう）　17
角川日本地名大辞典23 愛知県　28
帰化植物　38, 62, 88
凶荒図録（きょうこうずろく）　18
訓蒙図彙（きんもうずい）　16
ごん狐　10

〔サ行〕

在来タンポポ　62, 75, 82, 83, 86
佐々木高明　20, 39, 63, 89
雑草　1, 3, 10, 13, 40, 51, 58, 91
雑草のはなし　66
三倍体　4, 8, 12, 13, 51
縄文晩期　1, 30, 39, 40, 41, 49, 51
照葉樹林帯　8, 63
食料の端境期　6
水田稲作農耕文化　1, 39, 40, 51
水田の畔　1, 9, 23, 39, 85

セイタカアワダチソウ
　　　　　62, 82, 86, 87
西洋タンポポ　62, 78, 82, 85, 87
芹沢俊介　67, 78

〔タ行〕

大韓植物図鑑　48
大悟法滋（だいごぼしげる）　67, 82
棚田　6, 25, 34, 35, 37, 40, 54
多年生草本　3
中国高等植物図鑑　47
長江中下流域　7, 47
ちょっと知りたい雑草学　66
デンプン　5, 13
豊川流域　21, 22, 23, 35, 40, 41

〔ナ行〕

中尾佐助　38
新美南吉（にいみなんきち）　10
日葡辞書（にっぽじしょ）　15
二倍体　4, 8, 12, 51
額田雅裕　55

〔ハ行〕

半栽培植物　5, 7, 9, 13, 39
備荒草木図（びこうそうもくず）　18
人里　1, 10, 91

百姓伝記　16
藤井義晴　9

〔マ行〕
前川文夫　38
松江幸雄　67
萬葉集　14
民間省要（みんかんせいよう）　18

〔ヤ行〕
山科家礼記（やましなけらいき）　15
大和本草（やまとほんぞう）　17
有毒草木図説（ゆうどくそうもくずせつ）
　　　　　　　　　　　　　18
有毒物質　5, 21

〔ラ行〕
リコリン　5, 9, 13, 91
琉球の植物　48

〔ワ行〕
渡邊幹男　67

著者紹介

有薗 正一郎（ありぞの　しょういちろう）

1948年　鹿児島市生まれ
1976年　立命館大学大学院文学研究科博士課程を単位修得により退学
1989年　文学博士（立命館大学）
現　職
　　愛知大学文学部教授
著　書
　『近世農書の地理学的研究』（古今書院）
　『在来農耕の地域研究』（古今書院）
　『ヒガンバナが日本に来た道』（海青社）
　『ヒガンバナの履歴書』（あるむ）
　『近世東海地域の農耕技術』（岩田書店）
　『農耕技術の歴史地理』（古今書院）
　『近世庶民の日常食』（海青社）
　『喰いもの恨み節』（あるむ）
　『薩摩藩領の農民に生活はなかったか』（あるむ）
　『地産地消の歴史地理』（古今書院）
翻刻・現代語訳
　『農業時の栞』（日本農書全集第40巻、農山漁村文化協会）
　『江見農書』（あるむ）
研究分野
　地理学。農書類が記述する近世の農耕技術を通して地域の性格を明らかにする研究を半世紀近く続けてきた。ヒガンバナ研究は日本の農耕の基層を模索するためにおこなっているが、道楽でもある。毎年9月後半はヒガンバナを求めて日本列島の内外を歩いている。

ヒガンバナ探訪録

　2017年4月4日　発行

　著者＝有薗 正一郎 ©

　発行＝株式会社 あるむ
　　〒460-0012 名古屋市中区千代田3-1-12　第三記念橋ビル
　　Tel. 052-332-0861　Fax. 052-332-0862
　　http://www.arm-p.co.jp　E-mail: arm@a.email.ne.jp

ISBN978-4-86333-118-1 C0039

【有薗正一郎／あるむ既刊書紹介】

喰いもの恨み節

■B6判 一八六頁 定価（本体一二〇〇円＋税）

終戦直後の食料難のなごりを体験しながら育った著者が、還暦をむかえて綴った庶民の食体験。喰うものがない時代から高度成長期を経て飽食の時代をつらぬき持続する「喰いもの」への恨みと感謝を吐露した農書研究者による"痛怪"エッセイ。

薩摩藩領の農民に生活はなかったか

■A5判 八八頁 定価（本体八〇〇円＋税）

近世から近代にかけて薩摩藩領の農民は重い貢租や諸役負担による収奪を受け「生存はあるが生活はなかった」と言われてきた。だが現実には農民はハレの日の諸行事を継承し生きる楽しみに彩られた「生活」を営んでいた。外からの観察と内なる生活の乖離を説明する鍵を、支配側の農書解読と農民側の伝承記録の検証を通して「農民がサツマイモを主食材に組み込んだこと」に見出した地域発掘の書。

江見（えみ）農書　翻刻・現代語訳・解題

■A5判 八二頁 定価（本体七六二円＋税）

美作国江見（岡山県美作市）に文政七（一八二四）年頃に著した、当時の情報を豊かに含む一次農書。同郷人に向けた地域に根ざす農書であり、山間盆地における有用樹木の植樹要領、農作物の耕作技術、施肥の方法や時期等が細かく記されている貴重な資料である。関連領域の研究者をはじめ好学の方々に翻刻と現代語訳を付して提供する。